# 強いビジネスパーソンを目指して鬱になった僕の弱さ考

NewsPicksパブリッシング
創刊編集長
井上慎平

ダイヤモンド社

はじめに

# 僕たちは、「強くなろう」とせずにいることがとても難しい時代を生きている

一瞬、自分に何が起きているのかわからなかった。

「あおぅ……ぇあぉ……ひぐっ……」

僕はこいでいた自転車を降りて路肩に止め、カゴの上に突っ伏して、ぐちゃぐちゃに泣いていた。イヤホンからはSpotifyが勝手に選んだ、初めて聴く曲が流れ続けている。

〃どこにいても誰といても僕の時計止まったまま
深い深い穴の底で　一人惨《みじ》めにいじけている〃

（ハンバート ハンバート『虎』より）


止まったままの時計。

みじめという言葉が頭から離れない。

みじめ。みじめみじめ。


ああ、そうか。僕は、自分のことをみじめだと思っていたのか。みんな前に進んでいるのに、自分だけが時間を無駄にしている。働けない。がんばれない。編集者のくせに本すら読めない。自分という人間はもう死んだんだ。

あり余った時間が、指のすきまから砂のようにこぼれ落ちていく。僕はその砂で、何か価値あるものを生み出したかった。けれど、ただその砂が落ちていくのを眺めていることしかできなかった。

まったくみじめなやつだ。みんながこの瞬間も何かを生み出しているのに、おまえときたら。泣き腫《は》らして一度みじめさを認めてしまったら、少しだけ気が楽になった。うつ状態で休職に入り2ヶ月ほど経った、真夏の午後のことだった。

うつのきっかけは、「がんばりすぎ」だった。前職の出版社で比較的ゆったり本づくりにはげんでいた僕は、ある日、縁あってNewsPicksというスタートアップに飛び込み、書籍部門を立ち上げ、「NewsPicksパブリッシング」というレーベルを創刊することになった。そして入社から約3年間、スピード命のスタートアップの激流のなかを泳ぎ続け、力を使い果たし、ついに動けなくなった。

休職期間は約1年におよんだ。その後、重いうつ状態は抜けたものの、今も毎日障害の症状に悩まされ、弱いまま生きている（診断名は双極性障害Ⅱ型）。

僕は、「誰からも優秀だと認められるビジネスパーソンにならねば！」と、肩肘《かたひじ》を張って働いてきた。今思えば、「なぜあれほどがんばりすぎてしまったのだろう？」「なぜ適度に力を抜けなかったのだろう？」と、不思議でしかたがない。

強くあろうとし続けた結果、弱くなった。なにしろ、もう努力すること自体が難しい。一日を生き抜くだけで精一杯のありさまなのだ。

うつのどん底を抜けた頃、冷静になった自分の頭にはいくつもの問いが浮かんでいた。

・そもそも「弱さ」とは何か？　「強さ」とは何か？
・なぜ、倒れてしまうほどに「強い自分」を演じたのか？
・弱さは「克服すべきエラー」なのか？
・なぜ、自分はあれほど「時間を無駄にすること」を怖れていたのか？
・なぜ、会社もビジネスパーソンも「成長し続けること」を求められるのか？
・競争に必死にならずに、のんびり生きていくことはできないのか？
・能力主義という、「優秀な人が、たくさん稼ぐしくみ」は正しいのか？
・「他責より自責」というビジネスの論理は、人を必要以上に追い詰めないか？
・「やりたいこと」がある人はえらくて、ない人はえらくないのか？
・ポジティブでいることがよしとされる中で、ネガティブな感情とどう向き合うか？
・「役に立たない人」は世の中に必要ないのか？
・僕はこれからも、ビジネスの世界における「強い自分」を目指すのか？

僕ひとりの問題について考えれば考えるほど、思考は遠くへ広がっていった。

・僕たちは、いったいどんな時代を生きているのだろうか？
・社会は、経済はどんな原理で成り立っていて、僕たちの価値観にどんな影響を与えているのだろうか？

弱い自分になったいま、実感をこめて言える。僕たちは、強くなろうとせずにいることが難しい時代を生きている。

先ほど並べた問いは、弱くなった僕が生きていくために考えずにはいられなかったものだ。その意味で僕の個人的な問いではある。けれど考えるほどに、それは個人に閉じたものじゃなく、「社会」や「時代」とつながっていることがわかってきた。

だから、それは同じ社会、同じ時代を生きる、あなたが抱えるしんどさや苦しさにもつながっている。僕の弱さはあなたの弱さにつながっている。だから、僕なりの「弱さ考」を伝えずにはいられなくなった。

## 「生きる」にとって経済とは何か？

うつになる前からずっと、僕の思考の根底には「経済」への問題意識がある。

まず、僕たちは歴史上、経済の影響力がもっとも大きい時代に生きている。経済の論理こそが社会を動かしている。そしてヒトは社会のなかで生きる「社会的動物」だから、当然、社会のあり方から強く影響を受ける。

ならば、僕たちの心理や価値観が、いまや社会を動かす原動力となった経済から影響を受けるのは当たり前だ。「コスパ」「タイパ」という経済的な言葉が飛び交う現状が、その事実をよく現している。

だとしたら、「経済は、一人ひとりの心理や価値観にどう影響を与えているのか？」は、もっと語られてもいいんじゃないか。


「『生きる』にとって経済とは何か？」

ひと言で言えば、この問いを僕はずっと追い続けてきた。経済メディアであるNewsPicksに入社したのも、それが理由だ。この問いに対する、現段階での僕の仮説はこうだ。

働く場所で求められる「強い人間」になろうと僕たちはがんばるが、どこかなりきれず、かといって「弱いままでいいんだ」と開き直ることもできず、苦しんでいる。そしてこの苦しさは現代特有のものであり、これからさらに増していく。

ただ、この本は「だから、世の中を変えよう」と煽《あお》りはしない。むしろ「世界を変えよう」「課題にぶつかったら、乗り越えよう」という強さの論理をときほぐすための本だ。

一方で、「弱くてもいいんだよ」と全面的にケアする本でもない。弱さをケアする本は間違いなく重要だ。けれど、ケアを受けた人は、その後、再び強さを求められる世界に戻っていかなくちゃいけない。僕はその厳しい現実を支える本をつくりたかった。他のビジネス書が武器だとしたら、この本は、生身の人間が働くための防具だ。


「強い自分」でい続けることに疲れているあなたへ。

今まさに弱りかけているあなたへ。

弱った人をケアしているあなたへ。

理解されづらいしんどさを抱え、なんとか日々をやりすごしているあなたへ。

強くなりきることも、弱さに開き直ることもできずにいる、すべてのビジネスパーソンへ。


この社会における強さと弱さを問い直すために、僕は「思考の旅」に出た。たくさん本を読んだ。たくさん散歩をした。たくさん考えた。すると、今まで「当たり前だ」と思っていた多くのことが、まったく当たり前じゃないことに気づいた。ものの見方が変わった。だから、僕はもうあまり怖くない。たとえ世界が変わらなくても、違う世界の見方を得て戻ってきたのなら、そこはもう前と同じ場所じゃないからだ。

臆病できまじめな僕が、どん底から這《は》い上がる過程でどんなことを考えたのか。どんな景色を見たのか。今、どんな景色が見えているのか。

隣を一緒に歩くような気分で、読んでみてほしい。

もくじ



## 第1章 強さを求めて、弱くなった

第3章

## なぜ「時間を無駄にしちゃいけない」と思ってしまうのか？

## 第4章 能力主義って苦しくないか？

## 第5章 「理想的なビジネスパーソン像」は強すぎないか？

## 第7章 弱いままにどう生きるか

最終章

## 弱さの哲学

第1章

# 強さを求めて、弱くなった

僕はある日うつになり、働けなくなった。その背景には、スピード感への不慣れ、部署立ち上げに伴うプレッシャー、臆病な性格など、僕の個人的な事情があったことは間違いない。ただ、それでも、僕がうつになっていったプロセスには、この時代の「時代性」が反映されている気がする。

現代のビジネスパーソンをうっすらと覆う「強さへのプレッシャー」を大量に取り込み中毒を起こしてしまった僕は、ある意味でいいケーススタディだ。

強さを求めて弱くなった僕の体験談は、第2章以降に続くすべての問い、すべての思考の原点でもある。

## 「優秀なビジネスパーソン」になりたくて

「NewsPicksパブリッシング編集長」

肩書きが入った名刺をもらったのは、それが初めてだった。これまでの人生で、マネジメントの経験はほぼない。なんだかブカブカの服を着せられた子どものようでむずがゆかった。

けれど、感慨に浸っている暇はない。レーベルの創刊は入社の半年後と決まっていた。1冊に長ければ数年をかける本づくりの世界からＩＴスタートアップに転職した僕がもっとも驚いたギャップ、それはスピード感の違いだった。ありとあらゆる仕事が矢継ぎ早に降ってくる。

作った本ってどこに置くの？
倉庫と契約？
契約って何があったら契約したことになるの？
あ、営業の人を採用しなきゃ、募集に面接に……え？　社内フロー？

毎日が「何それ？」と「どうすればいいの？」の連続。「本づくり職人」だった自分は、今まで自分が得意なことに専念できていた環境がどれだけ恵まれていたか、初めて理解したのだった。

選択肢の洗い出し。時間切れ。情報がないなかで決断、決断、また決断。出版社にいたときと比べ会議の時間は5倍以上に増えていたが、もはやその会議すら待っていられない。オフィスでメンバーを見つけたら、すぐ声をかけ話し合う。スキマ時間を縫って原稿に向かうものの、今度はメンバーから声をかけられる。「事務モード」と「編集モード」の目まぐるしい切り替えに、脳はジェットコースターのごとく振り回されていた。とにかく雑談する暇もないほどの忙しさだったが、チームメンバーの獅子奮迅《ししふんじん》の活躍のおかげで、半年後、晴れて創刊にこぎつけた。しんどかったが、その「やりきった感」が楽しくもあった。

ある夜、チームメンバーとこう話したのを覚えている。

「毎日が文化祭よなあ」

とにかく走り抜けた。このとき前借りした高揚感という名のエネルギーは後で返済しなければならないことを、当時の僕はまだ知らない。

慣れない横文字を使い話す僕は、半分は自分に酔い、半分は背伸びがバレないようにと怯えていた。なんとか自分を「仕事がデキる人」に見せようと必死だったが、そうじゃないことは自分がいちばんよくわかっていた。でも、僕は背伸びをし続けた。周囲の人はみな、自分よりも優秀に見えた。

「おれはここでも通用する人間なんだ！」

「本づくり以外だってできるんだよ！」

臆病な心がそう叫んでいた。弱みなんて見せられたもんじゃない。僕はそれをクシャクシャに丸めて、いつもポケットにねじこんでいた。

## 「経済」という言葉のもどかしさ

僕はビジネス書の編集者として仕事をし始めてからずっと、「経済」という言葉にもどかしさを感じてきた。「経済情報」というと、多くの人が連想するのは株価などの数字や、その数字を達成するためのノウハウや、トレンドの分析だろう。ただ、正直なところ僕はそれらにあまり興味が持てなかった。

経済というのは、つまるところ「暮らしの集まり」でしかない。「暮らし」をいいものにするために経済があるのであって、経済を好調にするために「暮らし」があるわけじゃない。うつから復職した後に書き始めたWeb連載（NewsPicksトピックス）「弱さ考」の初回記事に書いた文章に、僕の問題意識がよく現れている。

〝経済の論理が、「人が人であること（＝数値化も交換もできないものの価値を愛でること）」を損なわない世の中をつくる。ここに、僕のパッションがあります。表現は多少変われど、入社動機は、ずーっと変わらない〟

もちろん、経済は悪者じゃない。それどころか戦争・飢餓・病気という人類の三大困難を激減させてきた英雄だ。市場経済と複雑な分業がなければ、いま僕たちが当たり前に享受している生活は成り立たない。この本があなたに届くまでにいったいどれほどの人たちの仕事が関わっていることか。それらの事実を無視して「資本主義がすべて悪い」と一面的に批判する安易な「アンチ」にこそ、僕は批判的だ。

だから僕は資本主義のど真ん中で、こう書いた。

「希望を灯そう。」

NewsPicksパブリッシングの創刊宣言文につけたタイトルだ。ただ、僕にとって希望とは「量」、つまり経済成長や好調な数値だけを指すものじゃなかった。一人ひとりが心地よく「暮らし」を営める経済である、という「質」もそろって初めて希望と呼べる。経済メディアのなかからそんなメッセージを打ち出すことに意味がある、そんな思いもあった。

ただ、僕は、サラリーマンとして「量」、つまり数字のゲームでも成果を出すと固く決意していた。数字で成果を残さない人間が「質」を語るのはダサい、という気負いがあったのだ。

## 弱さとは、「社会に求められる人間」になれないこと

ここでいったん、言葉の整理をしておこう。

まず、弱さとは何か。この本でもっとも重要でありながら、この言葉を定義づけることは難しい。なぜなら、何が「弱さ」で何が「強さ」かは、環境によってコロコロと変わるからだ。

たとえば、恐竜はとても力が強かった。最強だった。でも、地球の環境が大きく変わったときに生き延びたのは、恐竜から逃げてばかりいた非力で「弱い」小さな哺乳類たちだった。何が強く、何が弱いかは環境によって変わる。だから絶対的に弱い人もいなければ、絶対的に強い人もいない。

ただ、その前提を確認したうえで、この本では弱さを「自己コントロールの問題」、つまり

「自律の問題」として捉えてみたい。

規範《きはん》を守り、「社会に求められる人間像」の幅《レンジ》に自分をコントロールすることができる人は強く、それができない人は「弱い」。自己コントロールは現代に始まったことじゃないが、現代はその難易度が一気に上がっている。

「規範」という言葉はこの先繰り返し出てくるけれど、そんなに難しい意味じゃない。「こうするべき」「こうあるべき」を決める「常識」のことだと思ってほしい。


僕はうつをきっかけに双極性障害を発症した。完治する見込みもない。だから今も感情や体力が安定せず、自己コントロールがものすごくヘタクソだ。こんな僕は現代社会においては「弱い」。でも、誰だって怒《おこ》りたくないけど怒《いか》りが止まらない、頭ではわかっていてもこころがついてこないなど、コントロールできない「弱さ」を少なからず抱えているはずだ。

いま、僕たちを取り巻く規範は急速に変わっている。変化する「当たり前」に合わせることが難しくなってきている。とくに、いちビジネスパーソンとして「社会に求められる人間」であり続けることは相当に難しい。

社会の変化についていけない。そう思う「弱い」人たちが増えている。かつて強さを目指し、その結果一気に弱くなった僕にはいま、世の中がそう見えている。

次に、「経済」とはいったいなんだろう。経済そのものの歴史は長いが、この本で考えたいのは「現代の経済」だ。僕は、「現代の経済」とは「流動性が高まった市場経済」のことだと広く捉えている。流動性が高いというのは、要は「ものごとの移り変わりが速い」ということだ。転職までの期間が短くなったり、業界のビジネスモデルがすぐ変わったりする。

じゃあ、よく耳にする「資本主義」と経済はどう違うのか。資本主義は「主義《イズム》」なので、「社会主義」と一緒で経済のあり方のひとつにすぎない。ただ、資本主義が他の「主義」と違うのは、社会を加速させ、流動性を一気に高める「ブースト装置」である点だ。そして僕はその高すぎる流動性にこそ問題意識を持っている。

だから、大ざっぱに言えば、この本で使う「経済」という言葉は、多くの人が語る「資本主義」とほぼ変わらないと思ってもらっていい。「資本主義」という言葉は人により定義やイメージがバラバラなのと、無条件に悪者扱いされやすいからあまり使いたくないだけだ。

## ガードレールを殴りたい

話を戻そう。

嵐のような創刊から、約2年が経っていた。幸いヒット作にも恵まれ、創刊は成功したと言ってよかった。だが、忙しさが落ち着くことは1日たりともなかった。

リーダー業務、マネジメント、新規事業、多い日は10個近く入るさまざまな打ち合わせ、人事評価。編集者としては過去最速のペースで本を出していたが、本づくりに充てられる時間は限られていた。

仕事は相変わらずやりがいがあったが、この頃から、急に動けなくなることが増えていた。何かが変だ。胸がつかえるような感覚が消えず、うまく息を吸うことができない。

「すみませんうちあわせやっぱ1時間後に」

Slackにかろうじて1行だけ打ち込み、ベッドに倒れ込む。呼吸が浅い。心臓を打つ音がゆっくりとそのペースを落としていく。このまま、止まってしまうんじゃないか。さすがにおかしいと気づき、お休みをもらうことにした。

予兆はあった。いくら捌《さば》いても一瞬で積み上がる未読メッセージを打ち返し、議論と意思決定を繰り返す毎日。頭の中ではセール中のアパレルショップさながらのアップテンポな音楽がいつも鳴り響いていた。「ノってる」自分、ハイな自分をつくらないと、こなせなかった。

保育園の迎えがあるため、基本的に残業はできない。地下鉄に間に合うギリギリのタイミングで、オフィスを飛び出る。いつものように走りながら駅に向かう途中にあったガードレールを見た瞬間、思った。

「あ、殴りたい」

いまこの瞬間、金属バットでこの白いガードレールを原型が無くなるくらいボコボコに殴りまくったら、めちゃくちゃ気持ちいいんだろうなあ。

ダッシュで改札をくぐり抜け、地下鉄のドアが閉まる。呼吸が落ち着くと、自分のことが怖くなった。おかしい。いまの自分は、いつもの自分じゃない。どうしよう。もし今度「人を殴りたい」と思ってしまったらどうしよう。

結局、僕は2週間の休みをもらった。

戻ってすぐ、以前働けなくなった経験を持つ同僚が身を乗り出して「井上さん、2週間じゃ足りないよ！　どんなに少なくとも絶対に2ヶ月は休んだほうがいい」と親身にアドバイスをくれた。

でも、僕は長期で休む道を選ばずに働き続けた。今振り返れば、当時もっと他のメンバーに頼ることができた。「業務範囲を絞りたいです」と会社に相談することもできたはずだ。それでも、僕はみずから、自分の意志で走り続けた。

## 「うつになる」とはどういうことか

その後も何度も僕は、休職しては復帰し、またしばらくすると休職し、というサイクルを繰り返した。問題は、僕が本質的に何がマズいのか理解していなかった点にあった。

今だからこそわかるが、根本的な無理は「強くて優秀なリーダーであろう」という背伸びにあった。業務範囲が広かったことはその結果にすぎない。根っこにあったのは「優秀なビジネスパーソンでありたい」という欲望、「あらねば」という強迫観念だった。

そしてとある日、またしても離脱。

「さすがに今度はしばらく働けないかもしれません……」

僕が弱々しくそう伝えると、産業医の先生は少し間を空けてからこう言った。

「井上さんね、入社以来、ずっと周囲からの期待を感じながら走ってきたんでしょう？　それに応えようとして……。いわば、ずっと軽い躁状態で働いていたのかもしれませんね」

オフィスでのチームメンバーとの会話を思い出す。「毎日が文化祭よなあ」。頭のなかで流れ続けるアップテンポの音楽。高揚感。自分が期待はずれだと思われることを恐れるあまり、臆病な僕は2年近く異常なほど活動的に働いてきた。いよいよ前借りしてきたエネルギーを返済する時がやってきたのだ。

うつになるにもさまざまなきっかけがある。僕は仕事でアクセルを踏みすぎた、いわば「アッパー系うつ」だが、対人関係の悪化、逃げ場のなさ、ハラスメントなどがきっかけに発症する「ダウナー系うつ」のほうが数は多い。

あまり知られていないが、昇進、出産、引越しなどポジティブなことであっても、それが「変化」だというだけで脳にはストレスとなり、うつの引き金になる。精神医学的にみても、人間は自分たちが思っている以上に、変化に弱い動物だ。だからこそ、変化が激しく、流動性の高い現代では、うつはもはや珍しい存在じゃない。日本人の傷病率は6人に1人とも言われる。

症状は人によって異なるが、喜びなどの感情や意欲・興味が減退したり、眠れなくなったり、決断や選択ができなくなったりするなどのかたちで現れ始める。僕も、うつによってだんだんと「できること」が削《そ》ぎ落とされていくような感覚を味わった。

まず、「話す」のが億劫《おっくう》になった。うつの最中は何が起こっているのかわからないが、事後的に振り返れば、「『元気でない自分』が、ふだんと同じような『元気な自分』を演じることが非常に疲れる」のだ。ふだんなら笑うところで、うまく笑えない。ちょっとした表情や間を合わせるのが、とてもしんどい。

「話す」の次は、「読む」ができなくなった。今思えばこの時点ですでに「本を読みたい」という欲望自体が消えていたはずだけど、僕は「本が読めない自分なんかありえない」「せっかく休職でまとまった時間があるんだし、少しでも有意義にすごさなくては」などの強迫観念から、無理やり本を手に取っていた。

が、書いてある文字の意味が、頭の中で像を結ばない。気づけば4度、5度と同じ行を読んでいる。そしてなにより、そもそも本心では本を読みたくはないわけなので、シンプルにつらい。

**発症後の「うつの波」**

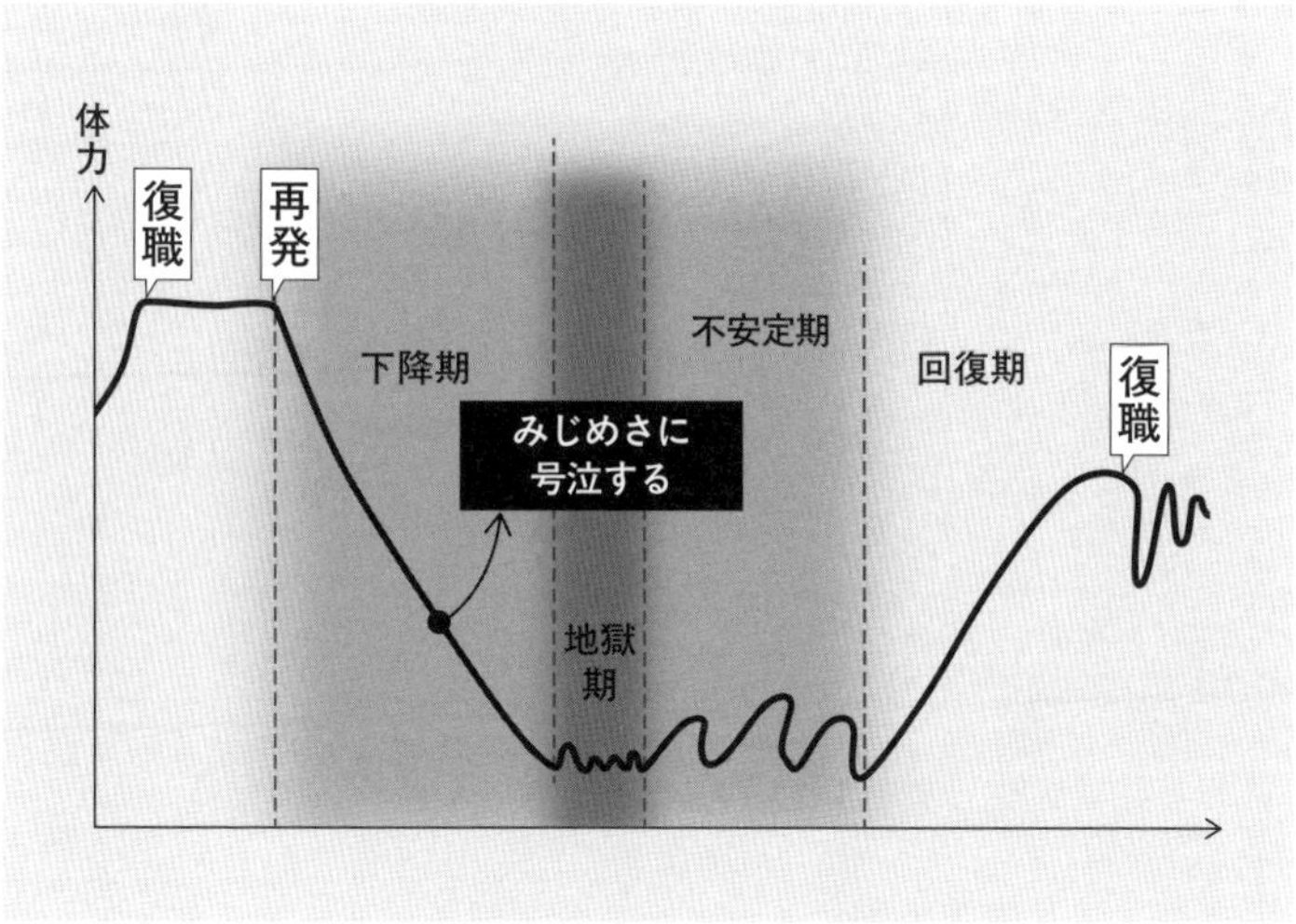


「読む」が無理なら、ということで「観る」をやってみた。もはや、じっとしなければいけないという地獄を逃れられるならなんでもよかった。以前から観ようと思っていた映画を再生してみる。観られないことはないが、これもそのうちつらくなってきた。

そして、音楽を「聴く」だけが残った。いちばん脳への負荷が軽いのだろう。冒頭のハンバートハンバートの『虎』を聴いてみじめさに号泣したのは、まさにそんなときのことだった。

なぜ、突然号泣したのか。それは、その瞬間まで一度も、自分の中にあったはずの「うつになったことへの混乱」に向き合ってこなかったからだ。感情の水風船は、パンパンに膨らんで破裂した。

でもなぜ、破裂するまで僕はその存在にすら気づかなかったのだろう。何から必死に眼を逸《そ》らし続けていたのだろう。

きっと僕は「何もできない自分になった」ことだけは、絶対に認めたくなかったのだ。

## 「能動的」に悪くなる

しかし、うつの下り坂は終わらない。ついに「聴く」すら危うい地点に僕はいた。できることがひとつずつ消え、「無」に近づく僕に最後まで残ったものは、自然への恋しさだった。

僕は大の自然好きだ。山もいいし、海もいい。東京で山登りと言えば高尾山だが、人がたくさんいること自体がつらいので、自然と足は違う方へ向かった。

東京から小田原に向かう少し手前に、塔ノ岳という山がある。ここの山頂からの景色が、とにかく素晴らしいのだ。ただ、この塔ノ岳（標高１４９１ｍ）への登山は、体力的には非常に過酷だ。登山道のスタート地点の標高が２００ｍと低いため、頂上までの１２００ｍにおよぶ標高差を自分の足でよじ登らねばならない。この標高差は富士山や北アルプスの登山道とさほど変わらず、往復で6時間もかかる。だからみな、頂上でご飯を済ませるとさっさと帰っていく。でも僕は逆だった。とにかく頂上で1秒でも長く、きれいな自然を見ていたかった。

その一心で何度も登頂し、そして、2時間でも3時間でも頂上にい続けた。多くの人にとっては通過地点にすぎない山頂に、僕は「住みたい」とすら思った。冬になり、常に強風が吹き荒《すさ》ぶ氷点下の山頂でも、僕は服を5、6枚も重ね着して、ずっとずっと、景色を見ていた。

正直その頃の記憶はほぼない。あらためて妻とのSMSを見返してみたら、かなり苦しかったようだ。以下は、翌日の塔ノ岳登山を楽しみに待つ僕から、妻へのメッセージだ。

2021年12月4日
AM03：59
もう一錠、睡眠薬を追加した。ダメなんだけどね。全然寝れる気がしない。でも、もうこれ以上取り上げられるのはいやだ。山だけは本当にやめてほしい。

いろんなことが自分から「取り上げられ」ていく。そんなふうに感じていたようだ。

AM04：01
家のソファーから「今度こそ起きる」って思わないと立てないところとか、以前できてた散歩ができなくなっているとか、こうしてネガティブな考えが止まらなくなるとか、明らかに落ちていってる

散歩すらできないというのは、いまは思い出せない感覚だ。とりあえず朝4時に妻にメッセージを連続で送るのはやめたほうがいいぞ。

AM05：05
薬は効いててめちゃくちゃ眠たいけど寝れない。明日の塔ノ岳は諦めます。悔しい。悔しい。悔しい。

なぜ、散歩ができないくせに、過酷な塔ノ岳登頂はできると思えるのか。

AM06：29
30分寝れた。塔ノ岳いってくる！

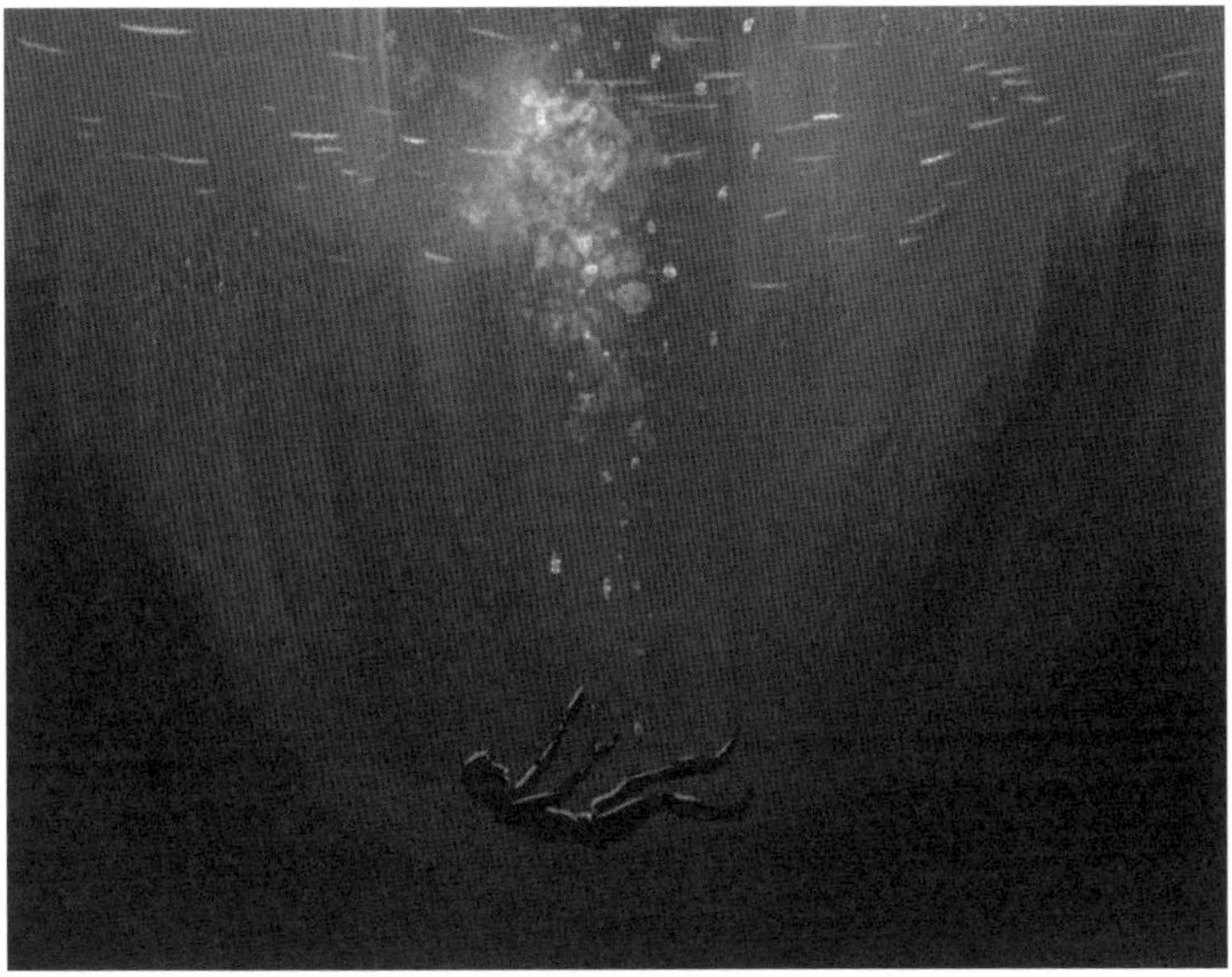

なんでやねん。まったく意味不明だ。妻にはたいそう心配と迷惑をかけてしまった。

この頃を思い返してわかるのは、僕は「無能な自分」を認めることが不安なばかりに、無理やり本を読み、山を登り、みずから、能動的にうつを悪化させていったということだ。

僕のうつ状態は、いよいよ最終段階に近づいていた。

無。何もできない世界。脳内に言語が浮かぶことすらなく、何も考えられない。

苦しいという言葉すら、もう出てこない。

海の底に肉体がどこまでも沈んでいくイメージだけがエンドレスで脳内再生されて

いた。仄暗《ほのぐら》い海底から、キラキラと光る水面《みなも》で人が楽しそうに遊んでいるのが見える。ちょっと前まで、自分もあそこで泳ぐことができたのに。もうあそこには二度と戻れない。この時間は死ぬまで続くんだ。

「うつは時間をかければよくなる」と、知識としては頭に入っていた。それでも、脳がネガティブな人格に乗っ取られたような状態だった当時は「もう永遠に治らない」としか思えなかった。

いきすぎたネガティブ思考自体がうつの典型的な症状だ。それも知識としては知っていた。だが、思考をコントロールできない。それはきっと、幻覚を幻覚だとわかっていても消すことができないのと少し似ていた。

「何もすることのない時間」だけが大量にあった。いつか時間ができたら読もうと決めていた、仕事に関係のない本の山が目に入る。あれだけ欲しかった時間がこんなにもたくさんあるのに。指の間からただ砂のように、音もなくこぼれ落ちていく。

## 「何もできない地獄」で学んだ3つのこと

ついに、恐れていた完全なる無がやってきた。何もできず、しかもそれが永遠に続くとしか思えない地獄。そこにいた自分は、目指していた「強いビジネスパーソン」のすべてを裏返したような、最弱の存在だった。

結果的に、僕はこの地獄をくぐり抜けたことで、強いビジネスパーソンにとっては当たり前の「課題解決思考」「主体的人間像」「能力主義」「理性的ふるまい」などに疑問を抱くようになっていく。

地獄で学んだことを、大きく3つ共有したい。

1つは、理性は幸運の副産物だということ。まず、僕は元気だった頃「自分はけっこう理性的な人間だ」と思っていた。本だってそこそこ読んでたし。そして「理性とは何か」についても、ふだんから考えていた。えらい。

僕なりの定義では、理性とは「本能のままにふるまうと問題が起きそうなとき、後天的に得た知識をもとに、自分をコントロールすること」。つまり、本能のエラーを理性がコントロールすると考えていた。それがどうだろう。「うつは休めば治る」という知識は頭に入っていても、まったくそうは思えない。冗談かと思われるかもしれないが「もう一生治らない」と本気で信じこんでいた。理性よ、いったいどこに行った?

わかりやすく理性が吹き飛んだ瞬間がある。当時、娘は3、4歳だった。予想もつかないタイミングで、いきなり大声で泣き叫ぶ。3、4歳とはそういう生き物だ。

僕は、娘に何度も「キレ」た。とくに症状がひどかった時期は、大声で泣く娘に対して「うるさぁぁぁあーーーい!!!!!!!!」と倍の音量で叫び返した。

「キレない人間」から「キレる人間」に変わってわかったのだが、人が「キレる」ときは、だいたい極限まで追い詰められ、余裕を失ったときだ。うつの底にいた時期は、存在するだけで、生きているだけでつらかった。それくらいエネルギーが枯れ果てていた。そんな状態の僕の鼓膜に、娘の大声が届く。理性は一瞬で蒸発する。僕は絶叫する。積極的に「キレる」のではなく、あらゆる感情や意識を喪失した結果、ストッパーが外れ、叫ぶ。

コントロールが効かない脳になって、僕は理性の儚《はかな》さを知った。過去の自分が少しでも理性を発揮できていたとしたら、たまたま余裕があったから、幸運だったからにすぎない。

「自分にも他人にも、あまり理性を求めない」

「非理性的に聞こえる『弱音』にも、ちゃんと居場所を与える」

僕がいま大事にしているこれらの方針は、理性が長い間お留守にしていたこの頃の経験からきている。

2つ目の学びは、「課題解決思考」の問題点と「待つ」の大切さについて。

いま振り返れば、僕は「何か働きかけることで必ず状況はよくできる」と信じこんでいた。そして「あっそ、うつがまたきたのね。ふ〜ん。どうやって治してやろうかな?」と強がっては読書や無茶な登山を繰り返し、能動的かつ主体的かつ活動的に、症状を悪化させていった。

この行動の背後に、ビジネスパーソン特有の「課題解決思考」があったことは否めない。ビジネスとはつまるところ課題解決の連続だ。そして、そのスピードは速ければ速いほどいい。だから僕は、うつという「課題」を解決しようとして、あらゆる方法でトライアンドエラーを試みた。けれど、それはもっともやってはいけないことだったのだ。

世の中には時間をかけなければ、待たなければ、絶対にどうにもならないことがある。うつはその代表格だ。でも、僕にはこの「待つ」ができなかった。ずっと何もしないでいると、気が狂いそうだった。

こころを病んだ患者と現場で向き合い続ける、僕が敬愛する2人の臨床心理士(＝こころの専門家)河合隼雄も東畑開人も、「待つ」の大切さについて書いている(以下、本書の引用部分の傍点はすべて筆者による)。

〝河合：ぼくは何をしているかというと、偶然待ちの商売をしているのです。みんな偶然

を待つ力がないから、何か必然的な方法で治そうとして、全部失敗するのです〃

（『村上春樹、河合隼雄に会いにいく』Ｐ１４８より）

〃日本中の支援職が『また会おう』と約束をしつづけています。時間を信じる。それがメンタルヘルスケアの最終奥義だと思います〃

（東畑開人『聞く技術　聞いてもらう技術』Ｐ１０７より）

なお、本書は「引用部分の飛ばし読み」をしてしまうと全体の意味がつかめなくなるのでご注意を。

待てないということは、動くということだ。そして、ビジネスの世界では、能動的、主体的にみずから動く姿勢がよしとされる。逆に受け身な態度は「指示待ち」と蔑《さげす》まれている。でも、その経済的な規範こそが、自分の「待てない」につながっていたんじゃないか？

経済と「時間」や「焦り」の関係は、第３章で詳しく触れる。

３つ目に学んだことは、自分の中の「上から目線」だ。

自転車を止めて号泣した僕は、自分を「みじめ」だと感じた。けれど、それは「悲しい」であってもよかったはずだ。なぜ「みじめ」と思ったのか。今ならわかる。僕は、障害を発症する前の自分は価値が高く、発症後は価値が下がったと感じていた。

「生きているだけで素晴らしいよね」。そう思えてもよかったはずなのに、まったく思えなかった。「人間の価値は、生産性とはなんの関係もないさ」と自分に声をかけてあげはしたものの、まったく響かなかった。つまるところ、僕は知的能力や生産性で人の価値を測っていたのだ。うつの自分を見下していたのは、過去の自分の「上から目線」だった。だから「悲しい」ではなく「みじめ」だと感じたのだ。

このように、「役に立つかどうか」で人を序列付けし、差別する思想をなんというか。優生思想だ。役に立つ人間しかこの世界にいらないと主張してはばからない、おぞましい考え。なんてこった。僕は、優生思想の持ち主だったのだ。ショックを受けた僕は、「能力で人を評価する能力主義は正しいのか？」「無能であることをどうしたら否定せずにいられるのか？」という問いに、この後長く向き合わざるをえなくなる。

僕は、自分を謙虚な人間だと思っていた。人より多く本を読んで、いろいろなことを知っていると思っていた。もっと言えば、「自分の傲慢さを客観的に自覚できているくらい、自分は謙虚なのだ」と信じこんでいた。

現実は、見当違いもいいところだった。地獄のどん底に置かれた鏡に映った自分は、想像の何倍も醜《みにく》かった。

ああ、そうか。本だけで学べることなんて、ほとんどありやしないんだ。学びは、直接的に自分が体験した「一次情報」と、読書などで間接的に他人を介して得た「二次情報」が融合することで生まれる。だから、本を読むことには大きな意味があるけれど、それだけで学びは完結しない。

人は簡単に「わかった」と思い込む。でも、「わかった」には無限のグラデーションがある。「頭でわかる」と「腹からわかる」の間にある、目も眩《くら》むほどの距離。

僕は、本を読んだだけで「わかった」気になっていた。「自分は謙虚だ」という自信こそ、最大の傲慢だったのだ。

## ある末期がん患者との出会い

もともとの自然好きもあいまって、うつのどん底からの回復期に僕は長野への移住を考え始めた。朝早く東京発のバスに乗り、現地で即席のイスを組み立て麓《ふもと》から山をひたすら眺め、夕方のバスに乗って帰る。往復8時間、滞在2~3時間。とにかく、長野の山が好きだった（この頃は過去の反省から登山は控えていた）。

とある日のこと、僕は親しみやすい看板に引き寄せられ、カフェにふらっと入っていった。店長のSさんは、看板の雰囲気そのままの、会う人誰をも安心させてしまう不思議な雰囲気をまとっていた。その日はたまたまお客さんも少なく、Sさんは僕の話し相手になってくれた。世間話も尽きた頃、僕は無意識にこう話し出していた。

「今、僕、うつで仕事ができてなくって……」

「あら、そうなんですか？　じゃあ、私たちは病人友だちですねえ。今度ゆっくりお茶でもしましょうか」

聞けば、Sさんもガンが見つかったのだという。

日程だけを約束して、その日はお店を後にした。

約束の日。珈琲を片手に、カフェを開くまでの経緯をひと通り語り終えたSさんは、ふと口を開いた。

「私、あと余命1年だって言われているんですよねえ」

言葉が出なかった。それでも僕はやはり待てない。黙ったままでいられない。

「えー、いやぁ…ああ……」

気づけば僕は嗚咽《おえつ》を噛み殺していた。驚いたのはSさんのほうだった。僕も、自分が何に泣いているのか、もはやよくわからなかった。

「Sさんはもっと……こう、患者として違うあり方でいていいはずなんですよ。こう……悲劇の、悲劇のヒロインみたいにいても」

Sさんは淡々と、副作用の苦しみは大きいが抗がん剤治療を行っていること、1日でも長く生きたいと周囲の人が思わせてくれていることなどを僕に語ってくれた。けれど、その様子からは、「病気に打ち克つ」という気負いが感じられない。それに引き換え、自分はどうか。うつ状態を「課題解決」してやると息巻いて、ジタバタと能動的に動いては症状を悪化させ、その癖を自覚してもなお、じっとしていられない。

最善を尽くして、その上で結果を受容するSさん。結果をコントロールできるという過信が捨てられない自分。その似て非なるあり方、佇《たたず》まいの差に、僕は泣いたのだった。

僕がうつ状態になったのには、オーバーワークというある程度わかりやすい理由がある。けれどガンはそうではない。本人にとっては不意の「偶然」でしかない。

## 人生は逆算できない

僕は、ちょうどその頃読んだ2冊の本について考えていたことを、Sさんに話し始めた。1冊目は『急に具合が悪くなる』。医療人類学者・磯野真穂と、「偶然性」をテーマとする研究者・宮野真生子の2人による往復書簡をまとめた本だ。

手紙のやりとりは、タイトルのとおり宮野が「急に具合が悪くなる」ところから始まる。偶然性の研究者が、まさに偶然にも末期ガンに冒されてしまった。そこで宮野は残り少ない人生の過ごし方について悩み抜いた末、こう書いた。

〝たしかに未来の死は確実ですが、しかし、なぜ、その未来の死から今を考えないといけないのでしょうか。それではまるで未来のために今を使うみたいじゃないですか〟

（宮野真生子・磯野真穂『急に具合が悪くなる』P27より）

僕は当時、「できるかぎり無駄なく最短で目標に到達すべき」という経済的な規範、いわば「ビジネスの論理」に深く囚われていた。それは、今何をすべきかを未来から逆算する、宮野

## 未来は無数の「偶然」の先にある

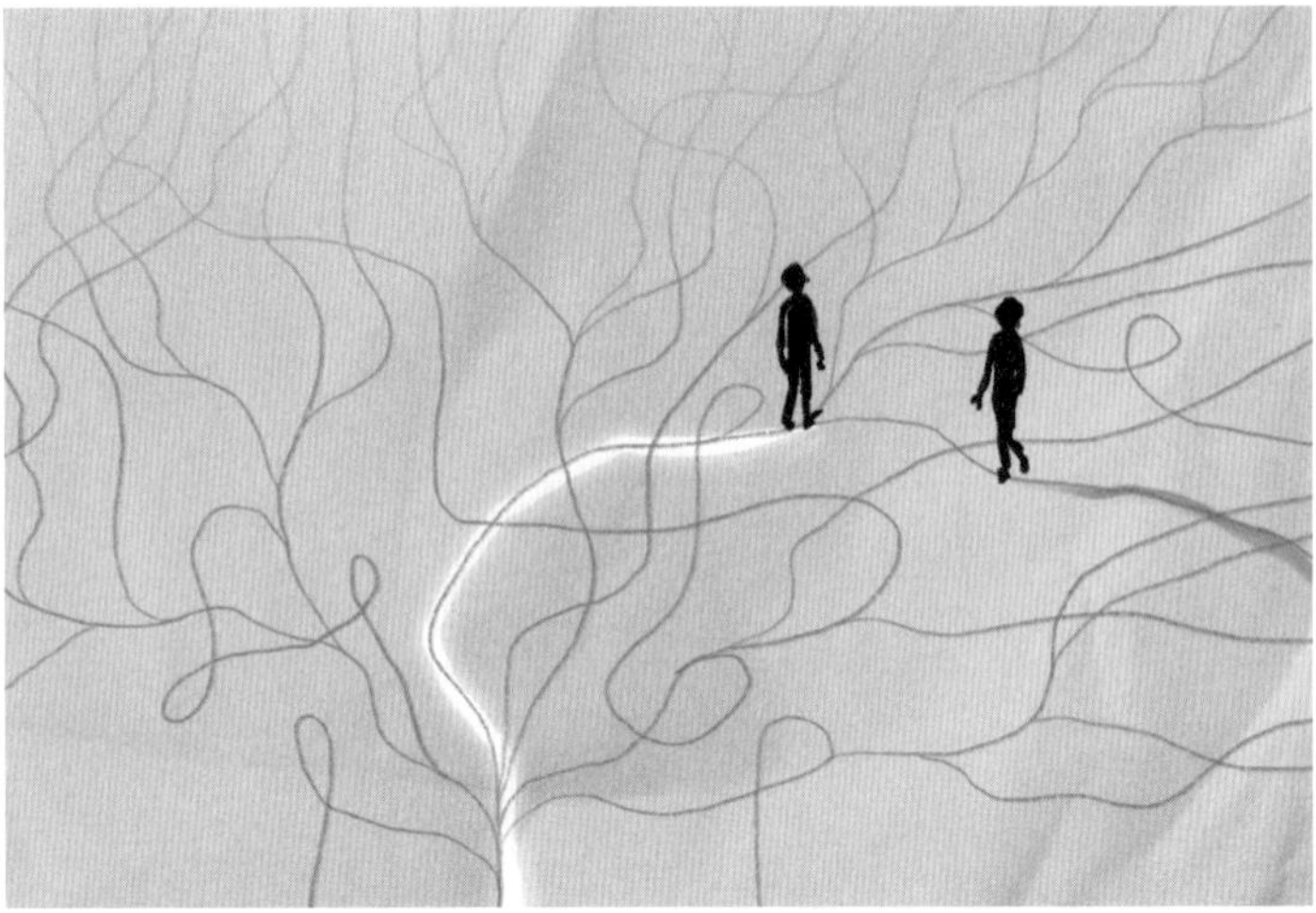

の言葉を借りれば「未来のために今を使う」考え方だ。

未来からの逆算なんて、本当にできるのだろうか。未来は1ヶ月後、いや1時間後のことだってわからない、不確かなもののはずだ。

これも宮野の表現を借りれば、今、僕たちの目の前には「何をして、何をしないか」について無数の「分岐」が枝分かれしている。ひとつ目の分岐を選んでも、それで終わりじゃない。僕たちは数限りない分岐路に立ち、繰り返し、繰り返し選択し続ける。

その繰り返しの中で、偶然に翻弄され、同じように偶然に翻弄される他人と出会い、

偶然なき「未来からの逆算」

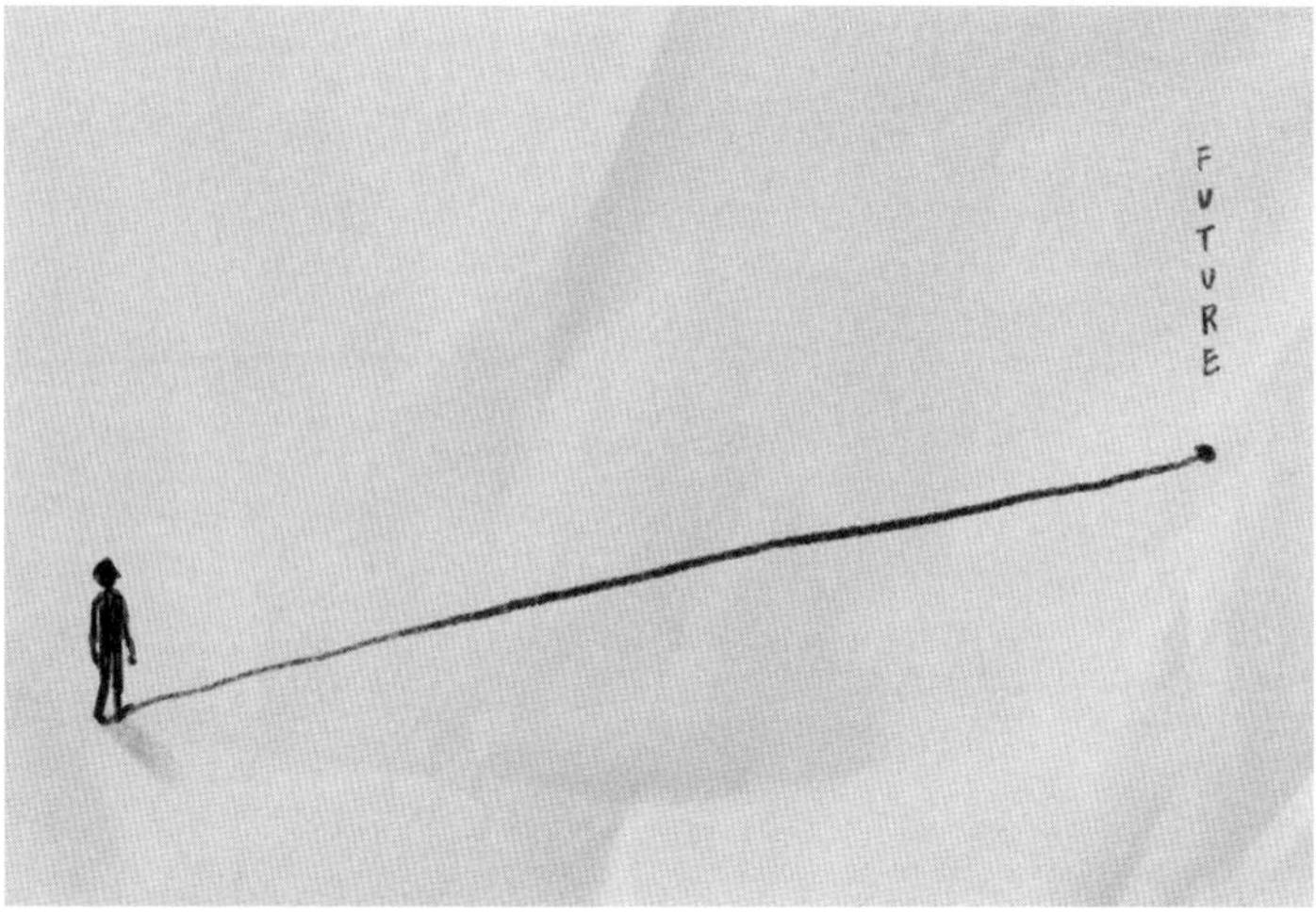


影響しあい、変化していく。その様子は、まるで川の流れにくるくると流される葉と葉がいっとき軽く触れ、また離れていくかのようだ。

一方、未来を逆算可能なものとして捉える態度は、あたかも未来から現在まで、一本の道がまっすぐに伸びていることを前提としている。まるで、無菌状態のままベルトコンベアで運ばれる加工食品のように。そこには、何も考慮されていない。世界に満ち溢れる偶然性も、変化していく自分も、そのきっかけとなる他人も。

宮野は、こう指摘する。

〝分岐ルートのいずれかを選ぶとは、

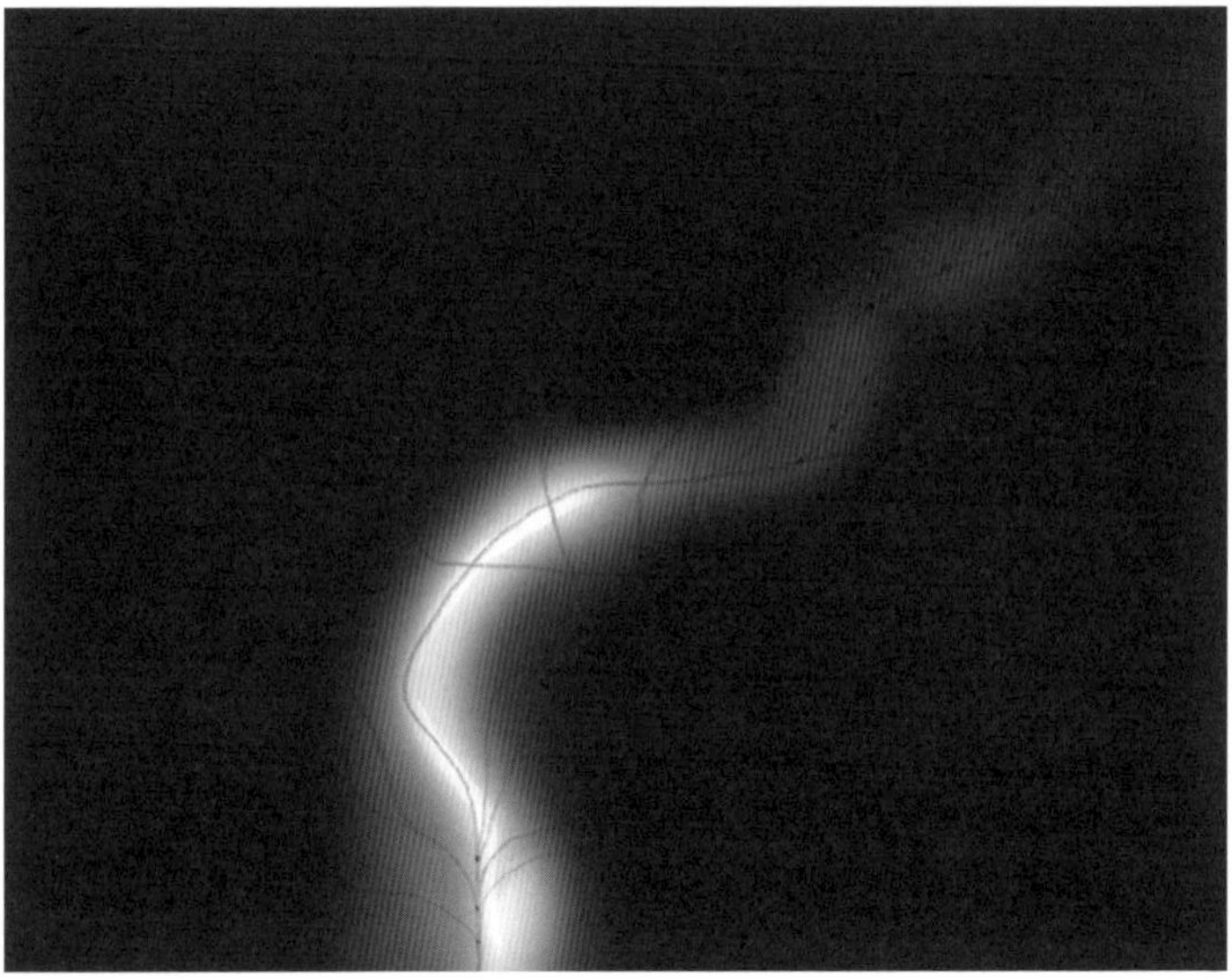

一本の道を選ぶことではなく、新しく無数に開かれた可能性の全体に入ってゆくことなのです〟

（宮野真生子・磯野真穂『急に具合が悪くなる』P30より）

未来へと続く一本道など、実際にはない。けれど過去を振り返ると、僕が「今このようにある」のには、それなりの理由が、一本の道があったかのように錯覚してしまう。ありもしない必然性を感じてしまう。しかし、それは世界の複雑さをうまく認識できない脳のエラーにすぎないのだ（この「脳のエラー」については第6章で詳しく触れる）。

そうか。本当は無数の可能性がありえた

んだ。「障害者になる」という予想外の分岐に足を踏み入れて初めて、僕の目には世界に満ちあふれる偶然性がありありと映るようになった。

かつての自分は、未来からの逆算を強く意識していた。それによって効率的に目標達成しやすくなった側面はたしかにある。ただ、その引き換えとして、目標達成に関係しないものはノイズになり、見えなくなった。「未来からの逆算」と「偶然への感受性」は両立しないのだ。

回復期に出会ったもう1冊の大切な本、『「その日暮らし」の人類学』。したたかにその日その日を生きのびるタンザニアの都市民の暮らしを描いた、文化人類学者・小川さやかによる新書だ。タンザニアの都市民は明日の計画を立てない。職業も、住む場所すらも1日単位でコロコロ変わる。だから、基本的に「法人」もつくらない。

経済のかたちを考えるうえでもおもしろい本だが、僕にはタンザニアの都市民を描くことで炙《あぶ》り出された、現代社会の特徴のほうが印象に残った。小川によれば、タンザニアの都市民にかぎらず人類全員がその日暮らし（= Living for today）でしかありえない。ただ、それではあまりに不安なので、人類は安心・安全だと思える（実際にそうとはかぎらない）システムを設計し、高度化していく。それにより、明日どうなるかわからないという「ゾワゾワ」をあえて忘却しているのだと。

〝ただ現在の日本の社会状況では、現在のおこないが将来の安定やリスクに直結するものだという価値観から逃れることは困難である。子どもの頃は「将来についてきちんと考えなさい」と言われることに反発した人も、大人になるにつれて未来に備えるために、現在を消費する生き方を身体化していく〟

（小川さやか『「その日暮らし」の人類学』Ｐ215より）

未来のために今を使っていないか。未来への不安を何かでごまかし、忘却していないか。人間は、Living for todayでしかありえないのに。

ガンに冒された哲学者が、タンザニアの都市民が、僕に大事な何かを教えようとしてくれている気がした。

「僕は、その日暮らしが苦手なんです」

そう白状すると、Sさんは笑っていた。僕も、自分の臆病さを気持ちよく笑うことができた。

その日、僕たちは、たった2人のメンバーからなる「チームその日暮らし」を結成し、手を振って別れた。

# 復職に向けて

帰り道、僕は生々しいまでの偶然性の手触りを感じていた。

僕がもし障害を発症していなかったら。たまたまカフェに入らなかったら。Sさんがガンに冒されていなかったら。きっと今日Sさんと話すこともなかった。

なんで自分は今ここにいるんだろう？　わかっていたと思っていたことが、どんどんわからなくなってくる。一本道がかすんでくる。


復職の日が近づいていた。僕はまた「強いビジネスパーソン」を目指すのだろうか？

そもそも目指さない選択肢はありえるのだろうか？

その日暮らしが苦手な僕は、これからも未来のために今を使い続けるのだろうか？

僕は考え続けたかった。

この社会に求められる「強い人間」であろうとすることが、「未来のために今を使う」姿勢とつながっているんじゃないのか？

なぜ僕たちは、こんなにもじっとしていることが苦手なのか？

すべての問題の根底には、経済が深く関わっているんじゃないだろうか?

# 第2章

# 成長のレースからは降りられないのか？

うつからある程度回復し復職が見えてきた僕は、「また強いビジネスパーソンを目指すのか？」と自問した。そもそも強さを目指さない選択肢などあるのだろうか？　この問いを考えるためには、まず経済というゲームのルールについて知らないといけない。

経済「成長」という言葉がある。僕たちも、ビジネスパーソンとして「成長」を求められる。かつての僕も、「成長」という言葉はまったく意識していなかったものの、「成長した自分」、つまり「より多くのことがうまくできる自分」になることへの欲求はたしかにあった。

経済と成長は切っても切り離せない。この章では、成長という言葉を軸に、経済というゲームのルールと、そのルールがプレイヤーである僕たちに与える影響について考えてみたい。

そのためにまず、前提として共有しておきたいことが2つある。

## 完治していない障害の日常

1つは、自分の障害についてだ。どんな状態の人間がこの文章を書いているのか、先に伝えておきたい。

僕はうつのどん底から抜けた後も、ずっと完治していない。双極性障害という脳の機能障害を発症してから早3年、症状がなくなる気配はない。

双極性障害は、ひと昔前は「躁鬱病」とも呼ばれ、世間的にはハイな躁とローなうつの激しい波を繰り返すイメージが強い。ただ、脳の不具合は本当に人それぞれで、僕には躁状態はあまりなく、「ずっとうっすらうつ」状態で元気がない。

以前と違って脳がすぐ疲れるようになり、仕事、読書など何かをするとぐったりしすぐ横にならなきゃいけなくなった。僕はいまの自分の状態を、周囲に「擬似おじいちゃん状態」なのだと説明している。実際、自分のことを「80代のおじいちゃんが、特殊メイクで30代の人間に扮《ふん》して生活しているみたいだな」とよく思う。

それと、なぜかわからないが、僕はいま人の目を見ることができない。だから外で知人とバッタリ会ったりすると、ずっと伏目がちにアリでも見ながら話すこととなる。

心身の調子には波があり、悪いときはよく「原因なき不安」に襲われる。原因になるようなことは何もないのに、そうわかっているのに、脳から不安物質がドバドバ出て落ち着かない。

最近知ったのだが、物理的に「痛い」ときに活性化する脳の部位と、言葉で傷つくなど「こころが痛い」ときに活性化する部位は同じらしい。僕が「原因なき不安」に襲われているときは、脳の誤作動からかずっと「こころが痛い」状態が続く。僕はこれを「こころの出血」状態と呼び、妻に「血が出だした」とか「あ、止まった」とか、状態を伝えている（一見、元気そうに見えるのが悔しいところだ）。

症状のうち、もっとも困っているのは、人と話すのが格段に大変になったことだ。僕は基本的に、昔も今も人と会って話すのが大好きだ。ただ、以前に比べ、一気に体力が削られる。

ひと言で言えば、今の僕は何をするのもしんどい。何もしなくてもしんどい。両手両足に「誰の目にも見えない鉄球」が鎖でつながれているようなイメージだ。鉄球を引きずりながらでも、少しの間なら誰かと並んで歩くことはできる。ただ、長く歩き続けることは難しい。そして歩き終えた僕は、ひとりひっそりと体を横たえる。

僕のおじいちゃん的日常は、そんな感じだ。

共有しておきたいことの2つ目は、「個人の心理や価値観って社会に影響を受けるよね」という僕の問題意識についてだ。ここは、強調しておきたい。

僕たちの考え方や価値観は、思った以上に社会からの影響を受けている。受けまくっている。国・地域・時代・性別・家庭・教育のしくみ。もしこれらの社会的要素がひとつでも違っていたら、僕はまったく違った人間になっていたはずだ。たまたま「昭和63年」の「日本」の「井上家」に「一人っ子」の「男性」として生まれていなければ。「大阪のベッドタウン」で育っていなければ。今まで出会った人たちと、出会っていなければ。

かつての傲慢な僕は「自分のあり方、考え方は自分で選んできた」と思い込んでいた。だけど、それは大間違いだった。人は、自分が思っているほどに自分の人生を選べていない。

もちろん、社会的環境が人間のすべてを決めてしまうわけじゃない。(※1) ただ、僕は、大切な割に見過ごされがちな「社会が個人に与える影響」のほうを強調したい。あえて太くマーカーを引きたい。

実際、自分という個人の弱さについて考えることは、社会について考えることだった。思考の旅を経た今、僕はそう感じている。

## なぜ会社は毎年成長しなければいけないのか?

社会をつくりあげる要素は無数にある。なかでも本書では、経済の視点から考える。いったいぜんたい、経済とはどういう原理で動いているのだろうか?

もう10年以上前のことだ。

新卒で入った出版社で営業部に配属された僕は、いつも不思議に思っていた。

「なぜ、会社は毎年成長しなきゃいけないのだろう？」

今、事業がうまくいっていて、利益が出ているならそれでいいじゃんか。なぜ毎年、昨年より高い目標予算が、さも当たり前のように設定されるんだ。しんどいじゃないか。上場していて株主が成長を求めているんだ、というのならまだわかる。でも、上場をはなから目指していない会社までもが、みんなこぞって成長を目指すのはなんでだ？

僕は、最終的に会社が成長を求められる理由は「競争」と「負債」(※2)の2つにある、という結論にたどりついた。

まず、市場経済が「競争」のゲームであることはいうまでもない。市場とは、売り手と買い手が自由に取引する場所だ。だからこそ、顧客から選ばれない（需要がない）ものばかり売っている会社は、市場から退場させられる。

市場経済では、常に競合が熾烈《しれつ》な競争(※3)をしかけてくる。だから、手持ちのお金だけじゃとても間に合わない。そこで、競争に勝つため「負債」が必要となる。

具体例として、自分が編集を担当した『STARTUP』からもっとも印象的だったエピソードを引こう。今でこそ圧倒的シェアを誇るメルカリだが、フリマ市場では実は後発だった。そこで、まだシェアが小さかった頃のメルカリは、先行してシェアを取っていた競合のフリルを追い抜くために、資金調達前、つまりお金が手元に入ることが決まる前にテレビCMの実施を決定し、なんと制作まで開始したのだ。それほどまでにスピード勝負だった。

その結果、一気にフリルを追い抜き、いまや圧倒的な存在感を築いている（フリルはその後、楽天に買収された）。メルカリが競合に勝つために、「負債」(※4)はどうしても必要だった。けれど、負債をつくりお金を借りれば当然、利息が発生する。そして、利息分を増やして返さなければならないので、会社は売上拡大に向かい、成長を目指していかざるをえなくなる。

ただ、もし負債が成長志向の原因になっているのだとすれば、負債をつくらなければいいんじゃないか？　つまり「手持ちのお金で、やれる範囲で、のんびり商売します」と言えれば、成長は必須じゃなくなるんじゃないか？　新人営業部員だった僕の疑問も、この「のんびりやればいいじゃん」の発想に根ざしていた。

だが、「のんびりやります」を、競合はなかなか許してくれない。たとえばあなたが、市場規模が小さく、そのぶん競合も入ってきづらいような事業を、負債を抱えることなく立ち上げたとする。そうすれば、一見「のんびりやります」が実現できそうだ。

けれど、それができるのは「系」が閉じていること（生態系の「系」だ。エコシステムと言い換えてもいい）が条件となる。つまり、系の外からやってきてあなたの売上を取っていく「侵入者」がいない場合は、のんびり自分のペースで進むことができる。ただ、現実には外部からの「侵入者」はいきなりやってきて、顧客を奪い去ってしまう。

例はいくらでも挙げられる。商店街の昔ながらの小さなお店が、ショッピングモールに顧客を奪われる。そして、いまやショッピングモールを含むあらゆる小売店はAmazonという「見えない相手」と戦っている。

あるいは、地元で塾を営んでいたら「超一流の授業が、低価格で受け放題」を謳《うた》うアプリがIT企業からリリースされる。かと思えば、今度は「AIが一人ひとりに最適化したもっとも効率的な学習プログラムを提供」と謳う企業がシェアを伸ばす。ライバルは塾業界という系の外からやってくる。

「侵入者」は思いもよらないところから現れ、産業のあり方そのものを書き換えていく。あるニーズを満たす「イス」が、気づけば他のプレイヤーに奪われる。そして次のプレイヤーがまた奪い去っていく。その繰り返しだ。イス取りゲーム[※5]の音楽は、どんどん加速していく。どんな業態であっても、異業種がテクノロジーですべてをかっさらっていく時代に、のんびりなんてできないのだ。

世界が今ほどグローバルにつながっていなかった昔であれば、「閉じた系」はつくりやすかったのかもしれない。江戸時代の鎖国は、国単位で「閉じた系」をつくりあげようとした例だろう。けれど、「閉じた」ことで得られた安定は、「侵入者」がきたことで終わりを迎えた。まさに黒船だ。つながりすぎた現代に、もう系は閉じられない。競争からは逃げられない。

競争って、いったいなんだろうか。競争は一人じゃできないし、する必要もない。本質的に「相対的」だ。「相」手と「対」するから、競争になる。

そして、市場経済における競争で重要なのは「相手が見えない」こと、そしてその相手が「何をしてくるかわからない」ことだ。産業の垣根がどんどんなくなっていく時代、先ほど挙げた小売店や塾のように「のんびりやります」のままでいたら、異業種が思いもよらないかたちで参入してくる。

だから、どの業界にいても、変化が求められる。いつまでも同じことをしていてはいけないのが経済の鉄則なのだ。「見えない相手」に負けないために、先行投資が、負債が必要になる。

それらはＣＭにかぎらず、新サービス・商品の開発（Ｒ＆Ｄ）に、新規事業、企業買収、そしてそれらすべてを担う人材の採用に、つまりは変化を生み出すために充てられる。

会社は、上場したり、株主にお金を払うためだけに成長を目指すのではなかった。なんらかの変化を生み出すために、その先行投資の余力を蓄えるために、成長を目指す。目指さないわけにはいかないのだ。

また、競争はいったんはじまると、原理的には無限に拡がっていく性質を持っている。競争がゆるい市場があれば、他の誰かがそれを潜在的な取り分とみなし、イスを奪う。人はそれをイノベーションと呼んできた。

競争と負債。このシンプルな2つの要素から距離を置く方法論を見つけないかぎり、会社は成長から降りられない。「いつまでも同じことをしていてはいけない」という経済的な規範は、法人をつねに変化へと駆り立てる。

## 投資家を魅了し続ける終わらないゲーム

NewsPicksパブリッシングでは、『STARTUP』に続いて『ベンチャー・キャピタリスト』という書籍も刊行した。起業家ほど光が当たらないが、投資家もまた、資本主義社会のダイナミズムを体現する重要なプレイヤーだからだ。ベンチャーキャピタリスト（以下VC）は、将来有望なスタートアップを見つけ、投資する。投資を受けたスタートアップは急成長を目指す。

実はVCもまた、お金を「預かる」立場だ。自分のお金じゃないのだから、「預かったお金は増やして返す」という負債の論理と無縁ではいられない。そしてこの「負債の論理」は、「成長へのプレッシャー」に姿を変えてスタートアップへと注ぎ込まれる。

その際、特に重要となるのがスピードだ。もし投資のリターンが同じ10倍だったとしても、かかった期間が5年か10年かによって価値はまったく違ってくる。

VCから投資を受けたスタートアップが急成長し、無事に上場にこぎつけたとしよう。けれど、上場しても「成長へのプレッシャー」は終わらない。それどころか、「常に成長し続けますよ」という期待を、今度はより多くの株主に持たせ続けないといけなくなる（上場すると誰でも株を買えるようになるので、株主の数は増える）。

資本市場はシビアな世界だ。資本家は、あらゆる法人、あるいはその他の金融商品のなかでもっともリターンが大きそうな場所に資本を投下する。ということはつまり、他にもっとリターンの大きそうなところがあれば、資本はさっさと引き上げられ[※6]、そちらに移されてしまう。資本市場の流動性はとても高い。

僕も、NewsPicks（現・ユーザベース）に上場まもないタイミングで入社したことで、3ヶ月ごとに行われる投資家とのコミュニケーション（IR）のシビアさ、そして株式市場の値動きが自分の日々の仕事や目標数値にどう結びついているのかについて、多くを学ぶことができた。

ゲームに終わりはない。上場企業は投資家を「成長」という果実で、いつまでも魅了し続けなければならない[※7]。資本主義というシステムの真ん中で、僕はその生々しさを肌身で感じた。

確認しておきたいが、もちろん成長そのものは悪じゃない。顧客に喜ばれ、売上が伸び、社会にもいい影響を与え、結果として成長したのなら、まさに「三方よし」だ。

ただ、現実には会社として「成長する」ことがあらかじめ決められていて、その目標数値が現場に割り振られ、現場が背伸びを強いられるパターンが多い。そしてその原因が、「『成長しない』選択肢がそもそもない」からだということを、ここまで見てきた[※8]。

## 「脱成長」は実現可能なのか？

なかなかにしんどい道だ。だからこそ、脱成長論(※9)は支持を受けやすい。「日本はバブル崩壊後ほぼ0％成長だ(※10)」「それどころか、先進国全体で成長率が下がっている」などの事実から「脱成長の時代がきた」と論じる人もいる。だけど、その数字は結果論にすぎない。僕は脱成長論を支持しない。結果としての成長率は今後も下がるかもしれないが、熾烈な競争が終わることは残念ながらないはずだ。

市場経済における競争の本質は、何をしてくるかわからない「見えない相手」に負けないため、「いつまでも同じことをしていてはいけない」「変化し続けなければ」というプレッシャーから逃れられない点にある。だから競争は終わらない。

20世紀を代表する経済学者・ケインズは「2030年には週15時間しか労働しなくてすむようになる」と予想した。

でもケインズ先生、その未来は実現しないんじゃないでしょうか？「食うか食われるか」の競争をしているときに、ある企業が週15時間しか労働しないのなら、競合は喜んで週20時間労働するだろう。実際には、他の企業が何時間働いているかなんてわからない。ただ、「見えない相手」が自分たちよりも成長に向けて努力しているかもしれない。人を競争に駆り立てるには、その「かもしれない」で十分なのだ。

それに「閉じた系」を作れない現代で、仮に日本だけが脱成長を目指せばどうなるだろう。脱成長を目指していない今ですらほとんど成長していないのだ。日本は他国との競争で相対的にますます貧しい国となり、あらゆるものが値上がりするはずだ。そしてそのしわよせは、いちばん貧しい人たちにいく。だから、「見えない相手」との競争のなかに生きる僕たちは、そう簡単に成長から降りるわけにはいかない。

## 時代の加速と定年まで勤め上げられない僕たち

僕たちは、そう簡単に成長から降りられない。ただ、ここまでの主語は法人、そして日本という大きな単位だった。その中で生きる個人もまた、成長し続ける必要があるのだろうか？

結論から言えば、ある。「いまの自分のままでいいや」と開き直ることは、どんどん難しくなっている。そしてこの「成長しなきゃ」というプレッシャーは、現代社会の変化と密接に関係しているのだ。

僕の「社会の変化についていけないと思う人が増えている」という直感を深掘りしてくれた一冊が、社会学者ハルトムート・ローザによる『加速する社会』だ。ローザは言う。加速は現代のテーゼである、と。そして、その加速のテンポはどんどん上がっている。

〝初期近代においての間世代的な変化の速度から、「古典的近代」において世代交代とほぼ同期した段階を経由し、後期近代に至って世代内的なテンポへと上昇したのである〟

（ハルトムート・ローザ『加速する社会』P137より）

なんだか難しく聞こえるが、つまりはこういうことだ。

かつて、社会はごくゆっくりとしか加速していなかった。職業の変化は数世代に1度のペースでしか訪れなかった。ひいおじいちゃんと自分が同じ仕事に就くことだって珍しくなかった。それがやがて、一世代ごとに職業が変化するようになり、ついには変化が「世代内」へと侵入し、さらにそのペースを上げている。

これは、「生きる」に直結する話だ。一世代ごとの職業変化は、一社で定年まで勤め上げる日本のサラリーマン像とそのまま重なる。終身雇用と呼ばれるこの働き方は、僕の親世代までは珍しくはなかった。けれど、いま「勤め上げる」という言葉は、かぎりなく非現実的に響く。[※11]いまの日本で、「20年後もここで働いているんだろうな」と思っている人は少数派だろう。言い換えれば、ほとんどの人が「いつか、ここではないどこかで働く自分」を想定している。

一人の職業人生の間に働く環境がコロコロと変化する状況を指して、ローザは「世代内変化」と呼んだ。この「世代内変化」こそが人生を流動的で、不安定なものにする。

そして、「勤め上げる」の心理は、「いつか、ここではないどこかで」の心理へと徐々に移り変わっていく。

## 「成長には興味ありません」なんて言えない

変化がどんどん加速する社会で、将来、自分に居場所はあるか。お金を稼げるほど、世の中に求められるだろうか。僕たちはそんな不安を抱えながら生きている。

この本の冒頭で、僕は現代の経済とは「流動性が高い市場経済」のことだ、と書いた。「流動性が高い」とは、労働市場で考えれば「働く場所が何度も変わる」ということだ。いま、労働市場の流動性は「勤め上げる」時代よりはるかに高まり、そしてさらに高まろうとしている。

ここ数年で市民権を得たリスキリングという言葉は、「世代内変化」が激しくなった現状をとてもよく表している。世代内に複数の職種、複数の職場を渡り歩くからこそ、いつも新しいスキルが必要になる。いつまでも同じことをしていてはいけないというささやきは、法人にだけでなく、個人にも聞こえてくる。

もはや、スキルはいったん獲得したら終わりだとか、あるいは職人にとっての「道」のように、どこまでも突き詰めていくものじゃなくなった。スキルはわざわざアンラーン（リセット）してまで、身に付け直さないといけない。スキルにはいつだって賞味期限付きのシールが貼られていて、時代が加速するほど日持ちしなくなっていく。

メディアは「さらなる変化が訪れる」「どんな変化にも対応できる人間であろう」というメッセージを流し続ける。なにせ事実として変化は加速しているし、人はそれについていかなくてはならない。そして、そんなメッセージを浴びる個人の側も「いつまでも同じことをしていてはいけない」という規範を少しずつ内面化していくのだ。

時代の変化を歓迎し、その流れについていける人間としてふるまうこと。それが加速するこの「社会で求められる人間像」であり、そのように自分を律することが、現代における「強さ」だ。

いま、「環境の変化は、あまり好きではありません。同じことをやり続けていたいです」「自分を成長させていくことにあまり興味はありません」と、会社のなかで堂々と発言することは難しい。それは、弱い人間の言うことだからだ。いや、そういう人間をこそ、この経済化した社会は弱いとみなすのだ。

けれど、成長したい、変化が好きだ、自分はもともとそういうタイプの人間だ、と心から言える人は少数派だろう。なにせ人類は、急激な変化や成長をとくに求められない環境を５００万年近くも生き、その環境に適応してきた。

現代の世界は、「変化」を基軸としている。でも、人類は長い間ずっと「変化しない」を基軸として生きてきたのだ（ある進化心理学者は、「古代社会」に適応した人間が「現代社会」を生きることのギャップを「現代人の頭蓋骨に、石器時代の心」と表現した。[※12] うまいこと言う！）。

働く環境がコロコロ変わる「世代内変化」の時代を生きる僕たちは、「成長には興味がありません」となかなか言えない。それに現実問題として、成長をまったく考えずにいるのも難しい。シンプルに、自分の仕事がいつどうなるかわからないからだ。

変化が加速する社会では、いつか自分がいる会社が無くなるかもしれないし、あるいは目の前の仕事が職種ごと無くなるかもしれない（少なくとも大きくやり方が変わるかもしれない）。しかも、そのときに備えてどんなスキルを身につければいいかは、その加速の速さゆえにまったく予想がつかないのだ。

## いつどこにいても安定できない時代

実際に今、企業の姿勢も急速に変わってきている。早期退職を募る大企業はもはや珍しくないし、そのターゲットもかつてはベテランだったが、最近は年齢を問わない。「何歳であれ、不要な人間にはできるだけ早く出ていってもらいたい」というのが企業側の本音だろう。これまでガッチリと守られてきた正社員の雇用が、いよいよ盤石とは言えなくなってきている。

そして、僕は書籍編集者としての嗅覚で、特に都市部の企業を中心に、まだ統計データには現れていない心理レベルの変化を感じている。編集者はマーケターだ。いま人々がどんな言葉に関心を持っているのかを、いつもつぶさに観察している。

僕は2018年に『転職の思考法』というキャリア本の編集を担当した。この頃、多くの人に届けるためにまず決めたのが、タイトルに「キャリア」の文字を使わないことだった。当時、「キャリア」はごく一部の人しか関心を持たない言葉だったからだ。

そこからわずか5年後の2023年、今度は『キャリアづくりの教科書』という本を担当することになった。たった5年の間に、会社と個人の関係性は大きく変わった。「キャリア」は、もはや一部の人たちだけの特別な言葉ではなくなった。働く場所が数年単位で変わることもまったく珍しくない。「いつか、ここではないどこかで」の心理は、人々の心に確実に根を張りつつある。

僕自身は、実はキャリアに強い興味がある人間じゃない。それでもキャリアに関する本をつくってきたのは、「このままだと、真面目に働いてきたのにある日突然、労働市場に投げ出され、報われない人がたくさん生まれてしまう」という危機感が拭えなかったからだ。(※13)

僕たちは「キャリアづくり」のやり方なんて、誰にも教わらないまま社会に出ていく。けれど、社会に出たら、いつの間にかルールは大きく書き換えられていた。転職なんて当たり前。居場所はつねに一時的。いつどこにいても安定できない。

「転職なんかしなけりゃいいさ」と割り切るのもまた難しい。産業構造がぐにゃぐにゃと変化する時代には、社内の事業構造だってどんどん入れ替わっていく。新しい事業が育ってきたとき、その仕事を任せられるのは社内の人とはかぎらない。むしろ外、つまり労働市場から適切な経験を積んだ経験者を連れてくることが主流になる。会社という「系」も、もはや閉じたものではありえない。あなたのイスを奪う「侵入者」は、系の外からやってくる。実際には、事業構造の入れ替え自体に失敗し、会社そのものがなくなり、急に労働市場に投げ出されるケースのほうがはるかに多いだろうけれど。

今はまだ、会社が正社員に仕事を与える義務がある。だけど、遠くない将来「あなたに合う仕事がうちには今ないから、よそで探してくれる?」というスタンスに切り替わるかもしれない。それほど、企業側にも余裕がもう残っていない。ただ、この「よそで仕事を探してくれる?」の不安と、非正規雇用者はずっと戦ってきた。むしろ、労働市場の流動性の高まりを、非正規雇用者にギリギリまで押し付けてきたのが日本社会のあり方だった。

日本はまだ、国際的に見れば労働市場の流動性が低い。つまり転職の数が少ないため、職場には「新入り」はあまりおらず、そのかわり「古参」が多い。(※14) 僕はこの状況が怖い。もし労働市場が一気に流動化したら、いちばんショックが大きいのは、これまで特権的に立場を守られてきた正社員の人たちだ。僕は加速する社会が、一人ひとりの「生きる」にハードランディングを引き起こさないか、とても心配している。

あまり不安を煽《あお》りたくはないが、今後の大きな流れとして、労働市場はより流動化していく。働く人は、「いつか、ここではないどこかで働く自分」を意識せずにはいられなくなる。

そして、その意識の変化は「自分は違う会社でも価値を発揮できるのか？」つまりは「自分は、いつでも、どこでも役に立てる人間なのか？」という問いとなって、働く人の頭にこだまする。

## 「強いビジネスパーソン」と市場価値

ここまで、2つの観点から「ビジネスパーソンとして個人がなぜ成長を求められるのか」を考えてきた。

1つは、「会社が構造的に成長から降りられない」ということ。会社は「見えない相手」との競争を生き抜くために、変化を生み出し、成長し続けることが求められる。だから、会社としても成長意欲の高い人、変化に柔軟に対応できる人を増やそうとする。それらは人事制度や評価にも組み込まれるため、個人はなかなか無視できない。

もう1つの成長を求められる理由は、産業構造、労働市場の流動化だ。ひとつの会社に安定して勤め上げることができた時代は終わり、いまや多くの人が、「自分は違う会社でも価値を発揮できるのか？」を考えざるをえなくなった。どの居場所も通過点になった。「いつか、ここではないどこかで働く」ことへの不安が、「いつでもどこでも価値を発揮できる、役に立つ人間にならなければ」「成長しなければ」という心理面の変化を生む。

法人も個人も、「いつまでも同じままでいてはいけない」という規範から逃れられない。

ところで、ビジネスパーソン個人にとっての「成長」とはいったい何を指すのだろう？

ここでは人格的な成長は考えない。あくまで、ビジネスの世界における成長、つまりより高い成果を出せる人間になることに話を絞ろう。

なんのために成長するのか。それは、ビジネス用語で言うところの「市場価値」を上げるためだ。市場価値とはつまり、労働市場における自分の商品価値であり、「稼ぐスキル」とも言える。

なんだかとても怖い言葉だ。急に自分が市場《いちば》で仲卸しに見定められるお魚になってしまったかのような心細さを感じる。

「弱さ」をテーマとするこの本で「市場価値」などというマッチョな言葉が現れて驚いたかもしれない。ただ、それでもやはり書かなきゃいけない。弱さを抱える僕たちが、「成長」「市場価値」という経済的な意味での強さを求められるそのギャップにこそ現代特有の苦しさがあり、その苦しさと市場価値というテーマは切っても切り離せないからだ。

## 市場経済は厳しいが、その恩恵はもう手放せない

転職が当たり前の社会に生きる僕たちは、市場価値を無視できない。その事実は残酷ですらある。だから、

「そこまでして市場経済についていかなくてはいけないの？」

「成長もしたくないし、市場経済なんてやめてしまえばいいのに」

などという声が聞こえてきてもまったく不思議じゃない。

でも、それは残念ながらなかなかできないのだ。なぜか。ここで、「社会が市場的になるとはどういうことなのか」まで立ち戻って考えてみよう。

あらためて、僕たちは高度に発達した市場経済を生きている。じゃあ、その市場の「発達度合い」は何によって決まるのか？　それは、「生活に必要なものをどれだけ市場から調達しているか」だ。その度合いは、現代の日本ではほぼ100％と言っていい。逆に、もし完全なる自給自足で生きていれば、市場の発達度は0％だ。

ただ、いまは農家ですら、誰かがつくった大型機械や肥料を一切使わずに食べ物を育てることは難しい時代だ。市場化された現代社会では、誰もが生活のすべてを他人がつくったモノに頼って生きている。そして、市場でモノを買うには必ずお金がいる。僕たちは「他人」と「お金」に依存して生きているのだ。そしてそれは、決して悲しむべきことじゃない。

「自給自足」は響きこそ美しいかもしれないが、実践するのは大変だ。大事なこととして、人間は少人数ではごく単純な道具しかつくることはできない。たとえばワクチンなどの高度な製品は絶対にできやしない。高度な製品をつくるには、複雑な分業と、商品を交換する市場が必要になる。

シンプルに言えば、自給自足の世界とは「治る病気も治らない世界」であり、つまりは貧しい世界のことだ。飢餓や病気で命がやすやすと失われる世界に、エアコンも冷蔵庫も麻酔もない世界に、本気で戻りたい人は少数派だろう。

車を一台つくるのに、関わっている会社はゆうに一万「社」を超える（一万「人」ではない）[※15]。「他人がつくったモノに頼る」からこそ、僕たちはこの暮らしを享受できている。

## お金がないと何もできない世界に生まれて

昔、人間がもっとも恐れたのは「村八分」だった。動物としてはあまりにひ弱なヒトにとって、集団から追い出されることは死を意味した。

一方、現代の人々がもっとも恐れるのは、「市場で使うお金を獲得できなくなること」ではないだろうか。すべてを市場から調達できる現代社会は、お金さえあればなんのしがらみもなく自由に生きていける。しかし、それは裏を返せば「何をするにもお金がいる」ということでもある。僕たちが産まれ落ちたのは、そういう社会だ。

僕はこれまでお金や自分の給料について、あまり真剣に考えてこなかった。それは、「がんばれば生活に困らない程度には稼げるだろう」という楽観があったからだ。その考え方自体が強者の発想だと気づいたのは、障害を発症して、がんばりたくてもがんばれなくなってからだった。

市場価値とは、「稼ぐスキル」だ。そして、「稼ぐ」は、必要なモノをお金で買って手にいれる市場経済では絶対に避けて通れない。だからこそ、僕は市場価値について書かないわけにはいかないのだ。

しかも、給料はもう一、二世代前のように、勝手に上がっていってはくれない。自分で上げなくちゃいけない。僕たちは、自分の市場価値を高める「キャリア」という名のゲームを、好き嫌いにかかわらずプレーしなければならない。

「別に給料なんて上がらなくていい」という声があるのも、とてもよくわかる。そして、もしある程度の貯蓄があるなら全然いいじゃん、とも思う。大事なのは市場価値そのものじゃなく、「何をするにもお金がいる社会で、生きていけるだけのお金があること」だから。

ただ、実際には日本では貯蓄（金融資産）がない世帯の割合は3割近くにのぼる。(※16) 貯蓄がないということは、文字通り「タメ」がないということで、その状態で働けなくなった場合、生きていく道は3つしかない。

①「お金」を自分の代わりに負担してくれる良好な関係の親族などがいること
②「お金」でモノを買わずとも自給自足的に融通される共同体に属していること

③　困ったら恥じることなく生活保護などの福祉にすぐつながれること

裕福で関係が良好な親族（①）、繊細なコミュニケーションの技術（②）、勇気（③）と、どれも何かを必要とする。そして、それらは持っていて当たり前のものじゃない。

だからこそお金を稼ぐことから目を背ける「きれいごと」に僕は賛成しない。(※17) 弱い人間になっても、いや、弱い人間になったからこそ、僕はそう考える。

## それでも、役に立たなくたっていい

ここまで「市場、市場」と繰り返してきたので補足しておきたいが、僕は、「市場に任せれば何もかもがうまくいく」と考える市場原理主義者ではまったくない。

まさにうつのどん底にいた自分のように、どうしても働けない人は福祉が支える社会がいい。実際に支えてもらった側の人間として、僕はリアリティと感謝を持ってそう言い切れる。

ただ、「市場への依存度が高まること」と「お金がなくなった瞬間に行き詰まること」が切っても切り離せない現実、そして労働市場の流動化により誰もがその落とし穴にはまりやすくなっていることだけは、確認しておきたかった。

それにしても、いやはや。「稼ぐ」から逃げられないことに困っているのは他ならぬ僕自身である。僕は悩んでいる。経済的な意味において「役に立てます」と、胸を張って言えない。「一人残らず全員が、人の役に立たなきゃいけない」という規範があるとしたら、やっぱり何かがおかしいはずだ。もちろん「誰かの役に立つこと」は、かけがえのない喜びだ。役に立てたら、すごくいい。でも、役に立てないなら立てないで、別にいいはずだ。人は役に立つために生まれてきたんじゃない。

僕は弱いまま、「こんな自分が役に立てるのか」という不安を抱えたまま、市場経済というシステムに戻っていく。再び働けなくなったら、そのときは、僕は堂々と福祉に助けを求めることをここに宣言しておく。がんばれない人はいるし、がんばってもうまく役に立てない人もいるし、いてかまわないからだ。

先ほど挙げた、貯蓄がない人が働けなくなった場合に生きていくための3つの選択肢のうち、「③困ったら福祉にすぐつながれる」だけが、誰にでも開かれている。家族（①）や、違う共同体の中でうまくやっていけなくても（②）、福祉だけはあなたを見捨てない。なんといっても「健康で文化的な最低限度の生活」は憲法で保障されているのだ。

恥ずかしい、という気持ちもあるかもしれない。でも、「人の役に立たなくちゃいけない」「人に迷惑をかけちゃいけない」なんて規範に従う必要はさらさらない。むしろ、それらの規範はもっとときほぐし、柔軟性を持たせていかなくちゃいけないくらいなのだ。

## なぜエッセンシャル・ワーカーの給与が低いのか

お金の問題から逃げないとなれば、エッセンシャル・ワーカーについても考えないわけにはいかない。Covid-19のパンデミックは、僕たちの生活を本当の意味で支えている仕事を浮き彫りにした。看護師や介護士や保育士。物をつくる人、運ぶ人、お店で売ってくれる人。その仕事がないと、僕たちの暮らしが成り立たない人。ただ、これら本当に欠かせない仕事をする人の給料はおおむね低い傾向にある。この現状をどう考えるか?

まず、なぜ給料が低いのだろうか。給料は、売上から原価を引いた「粗利」から払われる。

つまり、粗利が少なければ、人件費にかけられるお金の原資も少なくなる。そして粗利は、一般論から言えば「一人でいかに多くの人を相手にできるか・どれだけ多くのモノを動かせるか」に大きく左右される。(※18)

たとえばインターネット上では1つのサービスで何千万、何億人ものユーザーを相手にできる。Instagramが Facebook(現Meta)に10億ドルで買収されたとき、社員はたったの13人だった。また、金融トレーダーは1人で数億、数百億の金額を動かすことができる。要は、少ない人数でたくさんのものを動かせ稼げるから、1人ずつの給料も上がりやすいのだ。

一方、現場があり、肉体という物理的制約があるエッセンシャル・ワーカーはそうはいかない。本当にくらしに必要な仕事ほど、一気に多くの人を相手にできない。

大事なことだが、「社会的価値の高さ」と「給料の高さ」はなんの関係もない。(※19)その仕事がどれだけ世の中を支えているかは、給料に反映されない。給料は粗利率の高さや稀少性など他の要素によって決まる。労働市場の大きな欠点の1つはここにある。

それを踏まえると、退屈な結論かもしれないが、だからこそ市場任せにしないことが大切なんじゃないだろうか。仕事の社会的価値と給料は比例しない。そして市場原理に任せれば、一度に多くの人を相手にできないエッセンシャル・ワーカーの給料は低くなる傾向にある。ならば、市場「以外」の要素によって補われたほうがいい。ごくシンプルに考えて、そうなる。

僕は経済において「量」だけでなく「一人ひとりが心地よく暮らしを営めているか」という「質」も大事にしたい、と書いた。それは、言い換えれば、「経済の最終的なゴールは何だろう？」という素朴な問いを考え直そうという話でもある。

もちろん、ＧＤＰや成長率をゴールだと定めることもできる。実際、特に議論もないままにそうなっている。しかし、それらはあくまで選択肢の1つにしかすぎない。「どれだけ多くの人が、安心して暮らすことができているのか？」をゴールとする経済だって、あっていい。そしてそれは、社会主義や脱成長(※20)とセットでしか実現できないものでは、決してない。

がんばれる人は、適度にがんばる。がんばれない人には、社会全体で「がんばれない自分を責めないでいいんだよ」とメッセージを送る。かつてがんばりすぎ、今がんばることが難しくなった僕は、そんな経済で、そんな社会であってほしいと切に願っている。

ここまで「成長というレースから降りられるか？」をテーマに、会社は「競争と負債」があるからこそ変化・成長し続けなくてはならないこと、そのなかで働く個人もまた成長のプレッシャーとは無縁でいられなくなること、そして世の中が市場的になるほどにお金の問題から逃げづらくなることをみてきた。

結局、この章の冒頭で掲げた「経済というゲームのルール」とは何なのか。それは、「いつまでも同じままでいてはいけない」「より速く、変化・成長しないといけない」という規範に集約されるのではないだろうか。

そして、この規範が生み出す現代特有の不安感は、人々の「時間感覚」をも独特なものへと変えていく。

1 「個人の心理」と「社会のしくみ」は、一方向ではなく、互いに影響しあっている。2つは常に相互作用の中にある。それでも、僕はこの本で、あえて「社会のしくみ」→「個人の心理」の向きに働く影響を重点的に考えることを断っておきたい。僕の考えが「『社会が個人のあり方を決める』に偏り過ぎている」と感じたのなら、それは正しい。それでも、僕は「『生きる』(≒個人の心理)にとって、経済(≒社会のしくみ)とは何か?」を突き詰めて考えてみたい。あまりにもそれが語られていないからだ

2 「資本主義が止まれないのは金利があるからだ」というシンプルかつ説得力のある説明は、長沼伸一郎の『現代経済学の直観的方法』の第1章から大きなインスピレーションをもらった。この本では、さまざまな調達手段がある現状を考慮して「金利」を「負債」と言い換えている

3 「熾烈な競争」について補足すると、競争がゆるやかな状態こそが自然で、激しい状態が異常だとは言えない。自然界は、そもそも道徳もルールも何もない残酷なまでの「殺し合い」の世界だ。そもそも生命の誕生から今に至るまでの道のり自体が、生存「競争」の歴史だとも言える。競争＝悪、ではない

4 たとえば株式による調達は実際には返済義務を伴わないため、利息は発生しないし「負債」とも呼ばない。ただ、返済義務はなくとも株主は企業に配当や株価上昇などの形でリターンが返ってくることを期待する。コーポレート・ファイナンスの観点からみれば、これらはすべて「資本コスト（資本調達にかかるコスト）」と表現される。本書では資本コストが生じるものすべてを便宜上「負債」と表現している。なお、成長へのプレッシャーという観点では、株式による調達は銀行からの借入以上に激しいことが多い

5 実際には市場の大きさは増減するためイスの数は一定ではなく、イス取りゲームのたとえも適切とは言えない。ただ、ここではイメージをつかんでもらうことを優先しイスの数は一定と仮定した

6 資本が引き上げられると株価が下がる。ただ、「株価が下がることの何が問題なのか？」という疑問も浮かぶかもしれない。結論から言えば、資金調達が難しくなること、株価の下落＝その会社の価値の下落なので、他社から買収されやすくなることなどが挙げられる。詳細はコーポレートファイナンスの専門書をあたってほしい

7 実際はすべての投資が成長性だけを考慮して行われるわけではない。だが、「うちは成長しない」と公言し、成長のプレッシャーから脱するスタンスを取る企業は極めて少ないのが現実だ

8 もし経済全体が右肩上がりなら成長はさほどプレッシャーとはならないが、日本においてはずっとそうはなっていないのは周知のとおりだ

9 脱成長が主張される理由としては、個人のしんどさ以上に「環境資源が有限であること」のほうが多数派だ。ただ、脱成長論がこれだけ受け入れられる理由の背景には、ずっと成長し続けることを前提とする資本主義経済へのしんどさを多くの人が感じていることは否めないだろう

10 ハルトムート・ローザは『加速する社会』の日本語版への序文でこう述べている。「一九九〇年から数十年にわたって成長率がゼロか非常に低い状態で苦闘しなければならなかった（そして今日でもそうなっている）日本の例が特に示している通り、上昇・増大の形成的な強制力は、不景気の時期でもまったく弱まらないどころか、むしろいっそう強くなっていくのです。競争相手の機先を制し、イノベーションを推進し、あらゆる手段を講じて競争力を高めることは、成長がないなかではよりいっそう重要

になってくるのです」。全体が成長していないからこそ、イスの奪い合いは熾烈になり、プレッシャーはより増すのだと言える

11 日本の労働市場には特有の事情があって、ローザの理論が示すような「世代ごとの変化」→「世代内変化」と移り変わってきたわけではない。日本の終身雇用制度は、戦後に普及したものであり、それ以前にはもっと職業の流動性が大きい時代があった。が、ここでは、一世代前に「世代ごとの変化」に該当するものが大企業の正社員という限られた雇用形態にかぎっては存在したこと、それが現代において「世代内変化」へと移っていることに焦点を当てたい

12 カリフォルニア大学サンタ・バーバラ校の進化心理学者、ジョン・トゥービー教授の言葉。"modern skulls house stone age minds"

13 「真面目に働いてきた人が報われない未来が来てしまう（来つつある）」という問題意識は『キャリアづくりの教科書』の著者・徳谷智史のもの。それに編集担当だった僕が感化された、という順番だ

14 「データブック国際労働比較２０２４」Ｐ１３４-１３５
https://www.jil.go.jp/kokunai/statistics/databook/2024/documents/Databook2024.pdf

15 東京商工リサーチ調査「『国内自動車メーカー7社』取引先調査」（２０２０年）
https://www.tsr-net.co.jp/data/detail/1198629_1527.html

16 金融広報中央委員会「家計の金融行動に関する世論調査２０２３年」
https://www.shiruporuto.jp/public/document/container/yoron/futari2021-/2023/

17 市場以外の、共助やボランティア、寄付など等価交換ベースではない経済活動のあり方にはまったく否定的ではなく、むしろ自分なりの実践方法を模索している。が、それらがすぐに大きな影響力を持つことは残念ながらないという前提に立つのが現時点では妥当だろう

18 粗利を高くする方法は「少人数で多くの人を相手にする・多くのモノを動かす」にかぎらない。が、ここではレバレッジの観点に論点を絞る

19 仕事の「社会的価値の高さ」と「給与の高さ」の関係について、デヴィッド・グレーバーは『ブルシット・ジョブ　クソどうでもいい仕事の理論』（Ｐ２５６）において、「わたしたちの社会ときたら、労働

の社会的価値がその経済的価値に対して反比例している（仕事が他者のためになればなるほど、その仕事への対価は下がっていく傾向にある）のみならず、多数の人びとがこの状況を道徳的に正しいと受け入れ」ていると指摘し、この状況を「まったく倒錯している」と厳しく非難している

20 積極的に脱成長を目指せば、外貨も獲得できなくなり物価も上がり、福祉の原資そのものがさらに目減りしてしまうだろう。自分が脱成長に賛成できないのは結局「いちばん困っている人にしわよせがいくこと」があまり考慮されていないように思われるからだ

# 第3章
# なぜ「時間を無駄にしちゃいけない」と思ってしまうのか？

ヒトは、結婚・昇進などの喜ばしい変化をも脳が「ストレスだ」と認識してしまうほどに、変化を好まない生き物だ。できれば、変化なんかしたくない。けれど「同じ自分のままでいてはいけない」と、加速する社会はささやく。

そしてこの「加速する社会」についていくため、現代人は「成長意欲が高く、変化を歓迎する強い自分」をつくりあげてきた。その自分像は、時間の無駄を削り生産性を高める経済の原理と混ざり合って、どうやら現代人に奇妙な時間感覚をもたらしているようなのだ。

## 未来のために「手段化」される現在

「慎平くんって、1分あれば何かしてるよね」

障害を発症する数年前。地下鉄のホームでスマホをスクロールする僕に、妻はそう言った。

たしかに、20代の僕は「時間を有意義に使わなければ」という強迫観念に取り憑《つ》かれ、駅の乗り換えなどのスキマ時間は記事を読む、英語を勉強するなど、常に何かをしていないと気がすまなかった。

そこからさらに遡《さかのぼ》ること数年。大学生だった頃の自分は典型的な「ダメ学生」だった。友人宅でダラダラ。バイト、遊び、バイト、遊びのエンドレスリピート。あれ以上無駄な時間の使い方は、そうそう思いつかない。

けれど、不思議なことに大学生の頃の自分は、その無駄な時間の使い方にまったく焦っていなかった。なぜだろう。いったいいつから、僕は「役に立ちそうなこと」に時間を使わなきゃ、という強迫観念に追われ出したのだろうか。

以前ビジネス系のイベントに登壇したとき、Q&Aタイムに印象深い発言をしてくれた参加者がいた。


〝時間ができると「何か役に立つことに使わなければ」と考えてしまい、しんどいです〟


この声には大切なヒントが2つ含まれている。1つは、「生産性を最大化すべき」という経済的な規範が、仕事だけでなくプライベートにまで浸入してきていること。もう1つが、本人がそれを「しんどい」と自覚しながらも、やめられずにいること。

僕たちは、「いつかここではないどこかで働く自分」をうっすら意識し、「自分はどこでも価値を発揮できる人間か?」「役に立てるのか?」とつい自問自答してしまう。

この自問自答は、思わぬかたちで働く人の心理や価値観に影響を及ぼす。「あなたは役に立てるのか?」と常に社会に問われる側にいる僕たちは、無自覚に同じ問いを発する側の人間になってしまうのだ。

「これって役に立つの?」「この時間ってなんか意味あるの?」と。

けれど、「役に立つ人間であるべし」という経済的な規範が個人の価値観を100%決めるわけではないため、「役に立つかどうかがすべてじゃない」という内なる声も消えることはない。

一方では役に立つかどうかという生産性の論理を内面化しつつ、完全にはそうなりきれないことへの葛藤。この質問者の発言には、その日もっとも多くの人が頷《うなず》いていた。

でも、「役に立つ」っていったいどういうことなのだろう。そして、なぜそれが「しんどい」のだろう。そこから考えたい。

まず、「役に立つ」はいつだって目的を必要とする。「役に立つ」のは常に何かのためなのであって、目的のない「役に立つ」はありえない。「役に立つ」は「目的—手段」というペアの形でしか存在できない。

そして、このペアは時間の順番が決まっている。目的はいつだって手段よりも先、つまり未来の側にある。「未来の目的」に向けて「現在という手段」が存在する。だから、もし「これって役に立つの？」と問う側にまわってしまうと、現在という時間は、未来の目的のための手段になってしまう。

## 「前のめり」の強迫意識

現在の手段化。それは、宮野の言葉を借りれば「未来のために今を使っ」てしまうことだ。臨床哲学者の鷲田清一は、この現代人の様子を「〈前のめり〉の時間意識」と表現した。鷲田によれば、「前のめり」の時間意識は近代経営のあらゆる場所に浸透している。

少し長くなるが、鷲田の2冊の本から引用する（pro- というのは、「前」を意味する英語の接頭語だ）。

〝資本主義的な企業は、このプロジェクト（起業）とともにもうひとつのpro- にかかわる。

〈プロミス〉である。「約束」(promise)というのは、ラテン語のpro-mittere、つまり「前に＋送る(mittere)」という動詞からきていることばである〟

〝企業においても個人においても未来における決済(プロジェクトの実現や利益の回収)を前提にいまの行動を決めるという意味では、ひとに〈前のめり〉の未来志向の姿勢をとらせる〟

(以上、鷲田清一『だれのための仕事――労働vs余暇を超えて』P23より)

〝たとえばあるプロジェクトを立ち上げる。そのためにはあらかじめプロフィット(利潤)のプロスペクト(見込み)を検討しておかなければならない。見込みがあればプログラム作りに入る。そしてプロデュース(生産)にとりかかる。支払いはプロミッソリー・ノート(約束手形)で受ける。こうしたプロジェクトが成功裡に終われば、つまり企業としてのプログレス(前進)にうまく結びつけば、あとはプロモート(昇進)が待っているだけだ。できすぎと言っていいくらい、「プロ」のオンパレードだ〟

(鷲田清一『老いの空白』P64より)

〝そういう〈プロジェクト〉の物語を反転すると、他人に、あるいは社会に、遅れてはならないという、わたしたちを恒常的におそう強迫的な意識になる。〟

（鷲田清一『だれのための仕事――労働vs余暇を超えて』P24より）

「〈前のめり〉の時間意識」を鷲田が指摘したのは、もう約30年も前のことだ。
ビジネスの世界では、目的を達成するのは速ければ速いほどいい。だから、身体はどんどん前のめる。そして未来に手を伸ばすほど、足元がおろそかになる。

## 「分配される時間」と「生成される時間」

生産性の概念、つまり「少ない時間でより多く」という考え方を内面化した僕たちは、プライベートでも時間を無駄にすることへの恐怖に取り憑《つ》かれてしまう。このしんどさにどう向き合ったらいいのだろう？

少しだけ、時間を戻したい。うつの下降期、不眠のくせに無茶な登山を繰り返していた頃、僕は妻に「登山がいよいよできなくなったので、湯治《とうじ》（温泉療養）にいかせてほしい」とお願いした。アクティブバカである。Sさんと「チームその日暮らし」を結成するのはもう少し先のこと。「自分の行動によって治す」という考え方を僕はまだ捨てきれずにいた。

湯治先に着いた僕は、「温泉につかり部屋でゴロゴロ」を2、3回繰り返した。すぐ飽きた。ダメだ、暇すぎる。もっとも、暇が苦手だから今こんなことになっているのだが。

館内をぶらついていたら、書棚に本が並んでいるのが目についた。もう本など読める状態じゃなかったがそれでも職業柄、足が止まった。すると、その中の1冊に不思議とすっと視点が定まった。

『時間についての十二章』。

目立つタイトルではない。内山節という著者名にも見覚えはなかったが、なぜか手に取った。あり余った時間が当時もっとも切実なテーマだったからかもしれない。

なんと、読めた。驚くべきことに50ページほど読めた。なぜ驚いたかというと、当時は宿のチェックインの会話すら苦痛でしょうがなく、数行しかない「宿泊者への注意書き」すら、何度読んでも意味が理解できないほど、脳がお休み状態だったのだ。

著者の内山は、群馬の山奥で畑を耕し釣りに興じる、文字どおりの「在野」の哲学者だ。彼の時間論はとてもユニークで、まず近代社会が常識とする「24時間を全員が等しく分配されている」という前提を明確に否定する。そして時間は「分配」されているのではなく、「生成」されてゆくものだと主張する。

時間を自分がつくり出すなんて考えてみたことすらなかった。24時間が全員に等しく与えられているという前提を疑ったことすらなかった。けれど、村で生きる内山によれば、「自分とお隣さん」「自分と川」「自分と畑」など、異なるもの同士それぞれの関係性のなかで時間は生成されていくらしい。

「分配された時間」を生きると、とたんに「この時間をいかに効率的に使うか」という競争に巻き込まれる。この「効率的な時間」への強迫観念は、鷲田の「他人に、あるいは社会に、遅れてはならないという、わたしたちを恒常的におそう強迫的な意識」とほぼ同じものだ。

「時間は、与えられたものとしてすでにあるのではなく、生み出していくもの」という180度の視点の転換。分配される時間と、生成する時間。なぜだか読めたその50ページに、僕は一生の付き合いになる言葉を見つけたのだった。

ただし、後日談がある。しばらく経ってから、僕はあらためて『時間についての十二章』を手に取った。すると、ないのだ。あれだけ衝撃を受けた「分配」と「生成」という言葉がない。

内山は同様のことを「消費される時間」と「創造される時間」と表現していた。「分配」と「生成」は、僕の誤読だった。

うつのどん底で、「創造」なんて何もできなかった自分が、無意識に覚え違えたのかもしれない。理由はわからないが、僕は、内山本人の言葉ではないことを断ったうえで、「消費と創造」を「分配と生成」と読み替え、この本の後半で突き詰めて考えてみたい。(※1) 何もできない、あるいは役に立てないことに苦しむ人間を、救い出す言葉として。

## 僕たちはもっとゆったり生きるはずだった

〝私たちには時間がない、あふれんばかりに勝ち取っているのだが〟

第2章で紹介した『加速する社会』には、こんな刺激的なキャッチコピーが踊る。テクノロジーに囲まれた現代を生きる僕たちは、本来時間を持て余していてもおかしくない。だからこそケインズは週15時間だけ働く未来を夢想したはずだ。『加速する社会』の著者であるローザも、テクノロジーは本来、時間の「欠乏」じゃなくむしろ時間の「利得」をもたらすはずだ、と書いている。

そう、僕たちはもっとゆったり生きるはずだったのだ。でも、実態はその真逆を行っている。いったい、なぜこんなことになっているのか。この逆説的な状況を、ローザは、新たに生まれた時間が他の「活動」に取り込まれてしまうからだと説明する。

まず、テクノロジーが生み出した「時間の増加」と人間の「活動の増加」を天秤にかける。もし「活動の増加」のほうが大きい場合、つまり、生まれた時間以上に活動を増やした場合、「時間の欠乏」が生じてしまう。そして実際にそうなっている、というのがローザの見立てだ。[※2]

SlackやTeamsなどのビジネスメッセンジャー、Zoomなどのweb会議サービスがもたらした時間感覚の変化をイメージしてほしい。オンライン会議は、移動時間ゼロで次の会議に参加することを可能にした。

メールだったら1日で3往復だったものが、SlackやTeamsが導入され30往復だって可能になった。これだけ「活動」が増加すれば、そりゃあ時間も欠乏するはずだ。

「活動」には、仕事はもちろん、趣味、番組の視聴、知人とのコミュニケーションなどあらゆるものが含まれる。たしかに、時間は増えている。けれど、それ以上のペースで時間を奪うものが増えているのだ。Netflix、YouTube、Podcast、メルマガ。「知っておいたほうがよさそうなこと」や「観ておいたほうがよさそうなもの」があまりにも多すぎる。

テクノロジーは時間をプレゼントしてくれた。けれど、「それ以上のスピードで活動量を増やす」かたちで人間は応じてきた。かつて手紙やメールの返事を待っていた時間、得意先の打ち合わせに向かっていた時間は、放置されずにきっちり「有効活用」され、生産性向上のためのリソースとなった。


時間だけではない。生産性の概念が内面化されてしまうと、自分のあらゆる側面が、、、リソース化する。書店には、今日も体と心をリソースと捉え、増やしたり、より効率よく活用したりするタイプのビジネス書がずらりと並んでいる。「モチベーション」をリソースと考えるなら、自己啓発書はまさにその筆頭だ。

無意識・潜在意識・睡眠・感情など、今日もあらゆる「生きる」がリソース化され、有効活用されようとしている。生産性を上げるために「生きる」があるわけじゃない。いち編集者として、そう思いながら書棚を見てきた。

一方で、「1分あれば何かしていた」僕は、将来役に立ちそうな記事や動画に多くの時間を割いてきたのも事実だ。どこか違和感を覚えつつも、小心者ゆえに時代の流れを無視するほどの勇気はなかった。

〝「何か役に立つことに使わなければ」と考えてしまい、しんどいです〟

あの質問者の声は、かつての僕の声でもあった。

## コスパやタイパを無意識に考えてしまう理由

経済が「生きる」に与える影響を考えるにあたって、「内面化」はとても大事な言葉なので少し補足したい。

内面化とは、社会（外部）にあるルールや常識、つまり規範を、個人が自分の価値観として内部に取り込むプロセスのことだ。重要なのが多くの場合、本人は無意識に「みずからの意志でそうしているのだ」と思いこむということ。この社会に、時代に応じるために。

誰に命令されたわけでもないのに、自分でそうしたいわけでもないのに、勝手にコスパ・タイパ思考だったりリターンの予測だったりが発動してしまうのはなぜなのか。それは生産性、つまり「より少ない時間で、より多く」という経済的規範を内面化しているからだ。規範の内面化とは、いわば社会的・経済的な「規範」と自分の「価値観」との距離がゼロに近づくことでもある。

でも、いったんその構造に気づくことができれば、少し距離をとることができる。風が通り、息がしやすくなる。この本が目指す「違う世界の見方を手に入れる」とは、内面化された規範と自分の価値観とのあいだに、もう一度スキマを取り戻すことだ。

## ちょっと、いったん落ち着こう

〝Time is money.〟

ベンジャミン・フランクリンのこの言葉が「時は金なり」という翻訳で日本に入ってきたのは、およそ１００年前だ。時間という〝money〟の価値は、この１００年でどれほど上がったのだろう。

「ぼーっと過ごす」は、この貴重な「時間という貨幣」をみすみすドブに捨てるような行為だ。だから、それが趣味であれ、人付き合いであれ、人は活動的になる。今日はジムに行った。美術館に行った。映画を観た。友人と会った。僕たちは、時間の使い方の失敗を不思議なまでに恐れる。

ただ、その活動的な性質は、生産性の考え方を内面化した結果かもしれない。少なくとも僕に関して言えば、山登りを続けたのは、「活動的でない自分」への蔑視《べっし》があったからだった。『映画を早送りで観る人たち』の著者・稲田豊史は、大量の取材ののちにこう締めくくった。

〝つまるところ倍速視聴は、時代の必然とでも呼ぶべきものだった。（中略）倍速視聴・10秒飛ばしという習慣は、「なるべく少ない原資で利潤を最大化する」ことが推奨される資本主義経済下において、ほぼ絶対正義たりうる条件を満たしていたからだ〟

（稲田豊史『映画を早送りで観る人たち』P299より）

稲田が伝えてくれたのは、人々がますますコスパ・タイパ思考を無自覚に内面化していることの時代性だ。経済の影響力が大きくなった時代に、「絶対正義」である生産性を内面化すれば、必然的に未来のために今を使う〈前のめりの時間意識〉で過ごすことになる。

そして、内面化とは、「自分の意志でそうしたのだ」という自己暗示的なプロセスになりやすく、「しんどい」こと自体をなかなか認められない。だから、Q&Aタイムに僕に「しんどい」と漏らしてくれた彼も、そしてここまで読んで「しんどいな」と思った人も、きっと大丈夫だ。「しんどい」と自覚することができれば、そこには少しだけスキマが生まれているはずだから。

## 努力とは「癒し」である

努力とは、上達や課題解決など、何かしらの目標のためにするものだと思っていた。でも、それなりにストイックに生きてきて、そして障害により「努力」がほぼできなくなって、僕は疑問をもつようになった。

努力って、本質的には不安に対するセラピーなんじゃないのか?

未来がわからない不安を抱えたままの状態に耐えられないから、努力するんじゃないか?

「努力」という、変化・成長と同じく本来ヒトが好みそうにないものは、いつから当たり前になったのだろうか？

僕はまた、本を読み漁った。日本において多くの民衆に向上心が根付き始めるのは江戸時代からだが、現代の「努力」に近いニュアンスの「修養」という言葉が広く語られ始めたのは、明治時代以降らしい。『「修養」の日本近代』には、こんな一節がある。

〝修養が語り出された明治において、修養は立身出世＝成功するための手段であった。しかし、同時にそれは、「たとえ立身出世できなくとも人格や人物を磨いた満足感と爽やかさの大事さを教える癒しの文化」でもあった〟(※3)

（大澤絢子『「修養」の日本近代』P228より）

いま、社会は加速度的に変化し、未来はどんどんそのわからなさを増している。だから、「想像もつかない未来において役に立てる自分でいるために、今どんな行動をとればいいのか？」という難しい問いに、一人ひとりが対峙している。

その不安から、人々はどんどん活動的になる。とりあえず、MBAに。とりあえず、数字に強く。とりあえず、話題のビジネス書を。とりあえず、英語の勉強を（僕だ）。わからない未来のために。不安から逃れるために。つかの間の癒しを得るために。

## そして勤勉とは「逃避」である

『プロテスタンティズムの倫理と資本主義の精神』という本を書いたマックス・ウェーバーは、その名のとおり、キリスト教の一派、プロテスタントの禁欲的態度こそが資本主義を発展させた、という逆説的な主張をし、注目を集めた。その中に、不安と努力の興味深い関係性が描かれている。

プロテスタントの一派、カルヴァン派と呼ばれる人々は、予定説を信じた。予定説では、天国に行ける者と行けない者とが神の意志により「予《あらかじ》」め「定」められていると考える。

あなたならどうするか。ふつうなら、ほどほどにのんびり暮らすだろう。だってもう天国に行ける人はすでに決まっちゃっているのだ。今さらあがいたところで、神様のジャッジは変わらない。

けれど実際には、カルヴァン派の人々は極めて勤勉に働いた。「これだけ努力している自分は、きっと救われる側の人間のはずだ」という安心感を得るために。

カルヴァン派プロテスタントにとって、天国に行けるかはわからない。ビジネスパーソンにとって、未来の自分が通用するかはわからない。だから、努力をする。不安から逃れるためにこそ。ニーチェは『ツァラトゥストラ』にこう書いた。

〝なんじらの勤勉は逃避である。自己を忘却しようとする意志である〟

（フリードリヒ・ニーチェ『ツァラトゥストラ　上』P103より）

ぐうの音《ね》も、出ん。

## 日本の「努力はいいことだ信仰」はいつから始まったか

現代の日本で「努力はいいことだ」という考え方はとても常識的だ。ただ、『「その日暮らし」の人類学』しかり、文化人類学の入門書を読めば、それが限られた国の常識でしかないことはすぐわかる。「努力はいいこと」かどうかは、時代によっても、国によっても変わる。

じゃあ、日本にはどんな経緯で「努力はいいことだ信仰」が広まっていったのか。江戸時代にすでにその土台は築かれていたものの、社会全般に急速に普及したのは明治以降、産業化が進んでからだ。努力信仰は、産業化が進んで、「世の中はどんどん進歩・発展していく」という社会イメージが持てないかぎりは生まれづらい。

東京から長野に移住してきて思うこととして、農業は、「進歩・発展」という直線的な言葉が似つかわしくない。春に種を播《ま》き、秋に収穫をする。来年の春にはもう一度種を播き、また同じように収穫できたことを喜ぶ。それが来年も、その先も続いていく。そんな円環的なイメージのもとに暮らしが営まれている。

もちろん、よりおいしい農作物、より多い収穫量へのこだわりを強く持つ人もいるが、全体的には「どんどんよくするぞ」という機運がほかの産業より乏しい。自分が「どんどん成長する」という直線的な物語を描けなくなった僕は、なんだかそのあり方に日々救われている。

「努力はいいことだ」は、「変化・成長はいいことだ」と同じく、社会的、経済的にかたちづくられた規範であって、ヒトの動物的な本能じゃない。ただ、産業化が始まり、ぐるぐると回る四季のように円環的だった時間の輪がほどかれ直線的になっていくと、「努力はいいことだ」と多くの人が思っていたほうが社会は発展する。だからこそ個人は、程度の差はあれ、その社会的な規範を内面化していく。

## 大人になったのにずっと「試験」が終わらない

僕は「内面化」についての古典とも言えるミシェル・フーコー著『監獄の誕生』という本を読む中で、ある日、大きな発見をした。

この本は「権力のありか」について書かれた本だ。中世は王様が「ワシは王様じゃぞ」と自由に権力を振るっていたが、時代は変わる。近代に入って、王様は人々に理不尽に権力を振るいはしなくなったが、そのかわり、社会制度のなかで個々人に規範を内面化させる、という方法で統治するようになった。

たとえば労働現場において、「効率化」の名の下に労働者が自発的にみずからの仕事を監視するようになる。病院でも、健康状態を記録されることで患者はみずから健康維持に努めるようになる。近代社会は、自分で自分を律するという規範の内面化によって成り立っているのだ。

では、なぜ僕たちは規範を内面化したいと思ってしまうのか？　そこで「評価」が果たす役割は大きい。「できる人間」と「できない人間」という分類がなされ、「自分は『できる人間』の側にいたい」と人々に思わせてこそ、規律は内面化される。ほら、病院も「健康」と「異常（病気）」に分類することで、早く患者に「健康」の側にいきたいと思わせるじゃないか。

僕は、フーコーがさらりと書いた「試験」の重要性を、興奮とともに読み込んだ。

〝他の者との比較で区分される個々の生徒の、集団的で果てしのない競争試験〟

（ミシェル・フーコー著『監獄の誕生』P186より）

僕たちが何気なく受け、その結果に一喜一憂していた「試験」。この試験こそ、「できる人間」と「できない人間」の判別装置だった。

〝今や、際限のない試験ならびに強制的な客体化の時代に入っている〟

（同、P218より）

僕たちはずっと「際限のない試験」の中にいる。小学校の試験と、その果てにある受験。スポーツのクラス分け試験。就職試験。就職後の、仕事ができるかどうかの試験（それは「査定」や「人事評価」と呼ばれる）。20代の僕は、明らかにその「際限のない試験」で優秀な成績を収めようと躍起《やっき》になっていた。

職場における「試験」は、とても巧妙に人々のふるまいを規定している。たとえば、僕がかつて所属していたある会社では、評価基準が開示され、現時点での能力的な段階が「C-1」なら、「なぜ現在C-1に該当するのか」の理由と、「次の査定でC-2に上がるために何が必要なのか」が明確に定められていた。その「試験」に合格するよう、働く人は自らを律していく。

人事評価そのものは1年や半年に1回かもしれないが、その「試験」で合格のハンコをもらえるように、働く人は毎日ふるまいを調節していく。

今後、雇用の流動性が高まり転職が増えていくなかで、評価基準を透明化する流れは一層進むだろう。「あなたの給与はなぜ今の金額なのか、何が変われば昇給するのか」を明確に説明できない会社は、働く人から選ばれなくなる。

僕はフーコーの試験の箇所を読んで、どこまでスクロールしても終わりが見えないほどにみっちり階層化・文章化された評価基準のシートから感じた、ある種の息苦しさを思い出した。評価という名の「際限のない試験」。


「なぜ時間を有意義に使わなければと苦しくなるのか?」という問いとともにこの章は始まった。その答えは、強引にまとめるなら「不安だから」に尽きる。

努力することで、活動的になることで、有意義だと思える時間の使い方をすることで、人が得ているものは「癒し」であり、「安心感」だ。

経済が影響力を増していく社会で生きる僕たちは、「時間を生産的に使わねば」と思い込んでいる。24時間という誰もに等しく「分配された時間」を、何か役に立つことに、意味のあることに使えているかと、自分で自分を監視している。加速する社会では、1分あたりの生産性が高まるほど「時間を無駄にする」ことの損失も大きくなっていく。だから、現代社会で時間のコスト対リターンを気にせずに生きることは、思いのほか難しい。

ただ、逆に言えば「時間を有意義に使おう」という考え方は本能にあらかじめ組み込まれているわけではなかった。だからこそ、なんらかのしくみで「内面化」される必要があった。その装置こそが「評価」であり、大人になっても終わらない「際限のない試験」なのだ。

1 時間についての思考の大枠、「客観的な単一の時間は存在しないこと」「関係性のなかで時間が生み出されていくこと」は、内山の考えをそのまま引き継いでいく。内山節『時間についての十二章』2015年、農山漁村文化協会「時間という存在を関係からつかみとる」（P8〜）参照

2 『加速する社会』P77-87

3 「修養」と「成長」の違いについて、現代におけるビジネスパーソンの成長には、修養に含まれていた「人格的成長」の観点がほぼすっぽりと抜け落ちている（経済的な意味での成長に主眼が置かれている）点にも注目したい

第4章

# 能力主義って苦しくないか？

# 「敗者」にしか言えないこと

夜遅く、煌々《こうこう》とライトが点《とも》る塾から出てくる子どもたち。

彼らは現代を象徴している。競争。成長。試験。そして大人になってからもまた競争。成長。試験。どこまでいっても終わりはない。

成長・変化・努力。ヒトの本能に組み込まれていないそれらを内面化するしくみとして、「際限のない試験」と「評価」はうまく機能している。じゃあなぜ人は評価と試験を繰り返すのか。それは、社会が「能力が高い人ほど取り分を多くする」という能力主義で回っているからだ。(※1)

能力が高いほど、よい。その価値観を見事に内面化した僕は、単なる「システム上での評価」を「人の存在価値」と結びつけ、能力で人を差別する優生思想に染まっていた。ああ、愚かしや。うつになって能力主義のシステムから弾き出されるまで、僕は何にも気づかなかった。

だが、そこは関西人の端くれ。うつの回復期に、僕はちゃっかり「これはオイシイかもしらん」と考えていた。ズッコケた人間だけに、ズッコケた自分を笑う権利がある。

童話『裸の王様』において、大人たちは王様を「裸だ！」とは言えなかった。子どもだけが真実を言えた。幼く、怖いもの知らずだったから……というのがこの物語にまつわる通説だ。

けれど、それは誤解である。実は『裸の王様』の物語は翻案されている。原作[※2]では、「裸だ！」と言うのは、馬の世話をさせられる身分の低い黒人だった。その黒人は当時、社会のヒエラルキーの外にいた。システムの外にいたのだ。僕のように。だから言えた。

システムに笑われる「敗者」が、いつのまにかシステムを笑い返す者になる。それによってシステムのなかで「裸だ！」と思いつつ言えなかった大勢の人たちも、再び息を吹き返す。

世の中には、敗者にしか言えないことがある。システムの外からしか、発せない言葉がある。

せっかく敗者となったのだ。言いたいことを言わせてもらおう。

## 「コミュ力」など存在しない

自分が優生思想の持ち主だと気づきショックを受けた僕は、「そもそも能力とは何か？」を考えるためにまたしても本を頼った。すると、実は「能力」そのものが存在しないという衝撃の主張と出会った。

認知科学者・鈴木宏昭は『私たちはどう学んでいるのか』の中で、こう書いた。

〝能力という仮説は無効であり、能力は虚構なのだ〟

（鈴木宏昭『私たちはどう学んでいるのか』P42より）

おおお。思わず声が出かかった。人間の知の働きを探求する学問である認知科学の専門家が、こうもはっきり能力を否定するのか。

鈴木いわく、「コミュ力」「論理的思考力」のように、「能力」をあたかも引き出しに入ったモノのごとく「個人の内側に存在するもの」と捉える「モノ的」能力観は、間違っている。

実際には、自分の「内部リソース（経験・記憶）」と「外部リソース（状況・環境）」とが相互作用を起こした結果、僕たちが「能力」と呼んでいるものがそのつど生成される。鈴木はその捉え方を「モノ」と対比して「コト」的能力観と呼んだ（なお、鈴木自身は「内部」「外部」ではなく「認知的リソース」と「状況のリソース」と表現している）。

たとえば、どれだけ会社で「コミュ力」が高いと評価される口達者も、老人ホームというまったく異なるコミュニティを訪問すれば、その「コミュ力」を発揮することはできないだろう。そこで「コミュ力」が高いとされるのはむしろ聞き上手の人だ。

けれど、その聞き上手の人は、会社というコミュニティでは「コミュニケーション力に乏しい」「主体性が低そう」と評価されるかもしれない。

そもそも、相手や場あってのコミュニケーションを個人の属性として測ろうとする時点で、「コミュ力」という考え方は始めから破綻しているのだ。

本書で、鈴木は認知症の例を取り上げている。(※3) なぜ、専門家が揃っているにもかかわらず、施設に入った認知症患者は症状が加速しやすいのか？

患者は、家では物忘れ防止のためにさまざまな工夫をしている。洗濯機の横に操作の手順を書いたメモを貼る。大事なことは冷蔵庫の一番目立つところに見えるように書いておく。だからこそ、生活を送る「能力」を外部リソースに頼りつつ、そのつど生成できる。

けれど、施設に連れて行かれるとそれらのリソースはすべて剥奪《はくだつ》され、頭の中で覚えている情報だけで生活しなければならなくなってしまう。

あなたはいま、どのくらいのことができますか？

あなたはいま、どのくらいの「能力」を持っていますか？

外部リソースが漂白されたクリーンな施設のなかで、当事者はそのような「試験」を受ける。

そして、要介護度別に「評価」され「分類」されていく。

# 能力は所有できない

ビジネスの現場でも、構図は変わらない。

僕は、編集長として最初の2年ほど、自分なりに「能力」を発揮できたと思う。でもそれは、僕が何かをうまくこなせるようになったからじゃなかった。僕が何が苦手か、どういう状況だと働きやすいのかを察知して、仕事をしやすい環境を「外部リソース」として提供してくれたメンバーがいたからだ。成果は、誰かの「内部」にあるものが「外部」にあるものと融合し、生成する。能力は個人の内部にある「モノ」じゃない。外部（状況・環境）との関係性の中でつど生成する「コト」、つまりは相互作用であり、現象だ。

鈴木は言う。「能力」という表現こそが誤解のもとなのだと。

〝「手元の辞書に「力」という言葉を入れると、次のようなものが出てくる。

・人や動物の体内に備わっていて、自ら動いたりほかの物を動かしたりする作用のもととなるもの。具体的には、筋肉の収縮によって現れる。「拳（こぶし）に力を込める」「力を出す」「小熊でも力は強い」〟

（鈴木宏昭『私たちはどう学んでいるのか』P23-24より）

僕たちは目に見えないものを扱うときメタファーを使う。「信念がゆらぐ」のように。「信念」という物質は存在しないから本当はゆらぎようがないのだけど、メタファーによって僕たちはイメージをつかむことができる。それほど、メタファーは強力だ。

だからこそ、皮膚の内側にある「筋肉の収縮」によって生まれる力のメタファーは、能力がまるで個人の内側に存在するかのような誤解を招く。鈴木はそう警告している。

結局、能力も成果も、個人と個人の「あいだ」で生まれるのだ。誰もが日々高めようとする能力を、僕たちは所有できない。

## 能力は評価もできない

能力が高い人は、高い成果を挙げる。高い成果を挙げる人は、能力が高い。

一般的にはそう思われている。でもこれも、間違っている。

ジェームズ・ワットという人がいる。今日も電力の単位「ワット」に名を残す、蒸気機関の改良に貢献したイノベーターだ。だけど、ワットという天才がひとりいて、他の人が凡人だったかといえばまったくそうじゃない。実態はむしろ逆だ。

〝ワットはまちがいなく優秀な発明家だったが、彼の功績でないものまで彼のものとされており、逆に大勢のさまざまな人びとの協力は、その功績を認められていない〟

（マット・リドレー『人類とイノベーション』P41より）

しかたない。これは、人間の認知能力、つまり世界を認識する能力の限界なのだ。人は、成果をひとり、あるいはごく少数の人にしか結びつけられない。

歴史を振り返っても、イノベーションはいつも個人ではなくチームによって生まれてきた。名だたるイノベーターの陰には常に「名もなき英雄《アンサングヒーロー》」の群像劇が隠れている。

僕たちだって、日常的に目にしていることだ。会社で誰かが表彰され、拍手を浴びる。表彰される人を支え、「外部リソース」を提供したメンバーは拍手をする側に回る。表彰された人はいずれ評価の階段を上がり、より周囲から「外部リソース」を提供してもらいやすいポジションへと昇進する。

控えめに言って、成果はどこまでいっても不完全にしか評価できない。1つの成果には、数えきれないほど複数の原因が、つまり多くの人の貢献があるのだけど、その複雑さを人間の脳は認知できない。だから、便宜的に誰かに割り振っているだけなのだ。

## 点ではなく面で考える

能力の厳密な評価は不可能で、どこまでいっても曖昧《あいまい》にならざるをえない。どうせ曖昧なら、僕は「触媒《しょくばい》的能力」（※4）という考え方を提案してみたい。

触媒とは、化学反応が起きるときに、そのもの自体は変化しないけれど、周囲の反応を促進する物質のこと。（※5）触媒的能力とはつまり、「その人が何をなしたか」じゃなく、「その人が周囲の人に『何をなさせたか』」に注目する考え方だ。誰かに「外部リソース」を提供する人を評価することを、明確にするための言葉だ。

僕は以前、Fさんという人と一緒に働いていた。彼女は、メンバーのなかではかなり無口だった。ただ、いつもニコニコ話を聞いてくれるので、僕はなんだか自分が話し上手になった気がして、つい張り切って話してしまう。

他の人も似たように感じていたようで、Fさんがいるとみな少しだけ饒舌《じょうぜつ》になるのだった。なぜだか会話が弾む。でもFさんは自分から話すわけじゃない。

この場合、Fさんには「コミュ力」があるのだろうか。きっとそうは評価されないだろう。でも本当に職場において必要なのは、Fさんのような存在なのだ。

逆に、多くのビジネス書に判を押したように書かれているのが、「スキル（≠能力）重視で人を採用すると、組織が崩壊する」という警句だ。たしかに、本人のスキルは高いのだが周囲のパフォーマンスを下げるような「触媒的能力がマイナスの人」は一定数、存在する。他人を目標達成のための手段としてしか見ていなかったり、メンバー間の関係性を破壊してしまったりするこれらの人を僕はこれまで敏感に警戒し、避けてきた。能力は個人という「点」ではなく場という「面」で見ないといけない。

この「触媒的能力」という考え方には、僕が弱くなったことも影響している。復帰直前、僕はまたしてもアクセルを踏みまくってしまうことを恐れ、こう自分に言い聞かせていた。

「もう、強くて優秀なリーダーは目指さない」

「これからは、強くて優秀じゃなく、『弱くてごきげん』でいこう！」

ごきげんは、「触媒的能力」そのものだ。(※6) ごきげんなだけで、周りの人は働きやすくなる。

逆に、どの職場にも不機嫌な人はいる。彼らは不機嫌そうにふるまうことによって周囲をコントロールしようとしたり、自分の権威や賢さをちょっぴりアピールしたりしている。そして彼らはそのアピールに忙しいせいで、触媒的能力を発揮できない。

一方、ごきげんな人は、アホっぽい。「あいつは能天気でなんにも考えてなさそうだなあ」と言われる勇気を持ったごきげんな人こそ、触媒的能力の素養がある。

僕は自分が思ったように働けなくなったのだから、周りがいかに働きやすくなるかを考えようと思った。結局、体力に余裕がなく、周りにはいつも以上に気を遣わせてばかりだったのと、またしても賢く見せるアピールに忙しかったのとで、とても、ごきげんについて語る資格なんてないのだけれども。

## 能力は「人と人との間《あいだ》」に生まれる

「一人ひとりの能力をいかに正確に評価するか」に心を砕く会社は多い。けれど、「能力は個人の内側に属する」という間違った前提から出発するかぎり、そこにはきっと限界がある。

本当に問われるべきは「どんな外部リソースを提供すればこの人は輝くのか」「どうすればこの人の内部リソースを活かせるのか」であるはずだ。けれど、現実には「能力を高めてね？」と言わんばかりに、個人の側にすべてを委ねている会社も少なくない。

「評価する」の前に「活かす」視点があるか？

周囲のメンバーや会社は、その人に適切な「外部リソース」を提供し、その人がいい相互作用を起こせる場をつくれているか？

どんな相互作用が人と人のあいだに生まれているかを、観察できているか？

これらを実践するにはコストがかかるだろう。けれど、少なからず「弱さ」を抱えた人間が集まって働くという前提に立つならば、そのコストは個人だけではなく組織も負うべきだ。

自分が障害者になったからこそ言えるが、僕はラッキーだった。役職についてから障害を発症したため、周囲に気にかけてもらいやすかった。逆にもし僕がより若く、会社での居場所に不安を抱えた状態だったなら、今のように障害を公にすることはできなかったかもしれない。

世の中には、障害という診断こそ降りてはいないが（あるいは公にできずにいるが）「目に見えづらい苦しみ」を抱えている人が想像以上にたくさんいる。昔の僕のように「弱さを見せてはいけない」と、ポケットにクシャクシャに押し込んで、日々をやり過ごしながら。

「でも、いくら周囲との相互作用だと言ったって、明らかに優秀な人はいるじゃないか」そんな声も聞こえてきそうだ。たしかに、比較的どこでも活躍できる、いわゆる「優秀な人」はいる。「優秀な人」とは、実際には「自分の内部リソースの見極めと、必要な外部リソースの調達・提供がうまい人」を指す。そういった人はたしかに稀少で、どこの会社にも引っ張りだこだ。

ただ僕がひとつつけ加えたいのは、本当にいい会社とは、限られた少数の「優秀な人」をたくさん抱えこむところではなく、「この場だからこそ活躍できる人」がたくさんいるところだということだ（「優秀な人」を目指すだけが道ではない、ということは第5章に書く）。

「個の力」が叫ばれた2010年代、(※7) 本当はこう叫ばれるべきだった。

「能力は個と個のあいだに生まれるのだ」と。

## そして能力は「移ろう」

ここまで何度も「コミュ力」「コミュ力」と言ってきたが、「これからの時代、コミュニケーション力こそ重要だ」という言説自体、実はつい最近出てきたものにすぎない。

武藤浩子による『企業が求める〈主体性〉とは何か』によれば、コミュニケーション力が社会人に求められる能力として強調され始めたのは２０１０年代になってからのことだ[※8]。

同じように「『主体性』こそがこれからの時代には重要だ」という議論も、１９９０年代以降になってにわかに出現した（それ以前は、個性という言葉がより重要視されていた[※9]）。

あらためて確認しておきたい点として、能力はそもそも環境に左右される（これを、専門的な言葉で能力の「文脈依存性」という）。「コミュ力」がまったく評価されない職種もあるし、酒がたくさん飲めることが能力とみなされる仕事もある。歴史を遡《さかのぼ》れば「どれだけたくさん子を産めるか」こそが女性の能力だとされた時代は長かった。

時代、場所などの環境により、必要とされる能力はコロコロと変わっていく。

別の本『暴走する能力主義』で中村高康はこう書いた。まず、能力を測ること自体が「永遠の未完のプロジェクト」であり、それゆえ「測れない能力」は、「本当に測るべき能力はこれでいいのか？」とずっと問われ続ける運命にある、と。

〝いま人々が渇望しているのは、「新しい能力を求めなければならない」という議論それ自体である〟

（中村高康『暴走する能力主義』、P47より）

なんだかゾっとする一文だ。これからも、きっと誰かが「これからの時代には○○が必要だ」と「新しい能力」を提言し続けるだろう。必要とされる能力は次々に移ろうが、「これからの時代には○○が必要だ」というフォーマットだけが変わらない。

「なんだかアホらしいな」と思ってもらえたら幸いだ。

## 能力主義は「成長」の促進剤である

「能力」。聞くだけで身がこわばるような、それを持たないと世の中に居場所がないかのような重みを持つこの言葉は、これほどまでにあやふやなものにすぎない。

じゃあ、そのあやふやな「能力」を基盤とした能力主義はなぜ、正しいとされているのだろうか？　僕には、能力主義は、石器時代に適応した脳を持ったヒトが現代社会を生きるために編み出した知恵のように見える。

現状維持バイアスという言葉がある。その名のとおり、「新しいもの」と「慣れ親しんだもの」であれば、「慣れ親しんだもの」を選びがちな脳のクセのことだ。

石器時代、人間が加速とほぼ無縁だったころ、「変化」は基本的にリスクだった。だから、ほとんどのヒトは現状維持を好む。けれど、現状維持のままだと激しい競争が繰り広げられる産業社会では生きていけない。だからこそ、しくみが必要になる。そのしくみこそが能力主義だ。

「能力がある人ほど、高く評価しますよ」と動機づけることで「成長」を促進し、社会がうまく回る。変化は単なるリスクではなく「リターンを得られるリスク」になる。いや、変化が加速する世の中では、「変化しないことこそが逆にリスクなのだ」いう言説のほうが説得力を増していく。

市場への依存度の高まり。能力が高いと評価される人に「市場での万能チケット」であるお金を多く渡す能力主義のしくみ。2つは、互いにその存在を強固にしていく。

## 正しくはないが「効果的」

そもそも「能力主義は正しいか？」という問い自体、間違ってたんじゃないか？

途中から、そう考えるようになった。僕は世界は偶然性に満ちているという立場を取るので、誰かの能力が高かったとしても「他の人より多くの分け前を得て当然」とは考えない。だって、その能力は多くのたまたまに支えられているから。他の人も努力をしているし、努力できない人にもできないなりの理由がありもする。

そもそも、能力主義は正しいから採用されているんじゃない。(※10) 社会を回すうえで効果的だから採用されているにすぎない。

「能力」も「能力主義」も、あるいはそれらにくっついてくる「成果」や「評価」、そして「努力はいいこと」という規範だって、今となっては僕には正しいと思えない。それらはいわば「そういうことにしておこうね」という、根拠づけられないお約束にすぎないんじゃないか。

そして「正しいと根拠づけられないもの」を肯定しようとするとき、人はその効果を強調する。能力主義はいいぞ。だって、能力を評価すればみんな成長しようとがんばるし、その結果、より優れたものがたくさん生産されるじゃないか、と。そして、実際にある程度はそのとおりなのだ。僕たちは能力主義という「お約束」のおかげで豊かな暮らしを享受している。

ただし、別に正しくはない。だから、たとえ「敗者」となったって、人としてなんの問題もない。


「能力主義は裸だ！」

敗者となり、システムの外に弾き出された僕は一度、思い切りそう叫びたかった。

能力主義というシステムについてゆっくり考える暇もなく、定量化され、評価され、動機づけされ、ときに尊厳を傷つけられ、いまにも押し潰されそうになっている人たちに向けて。

僕は敗者として、「能力主義」も「成果」も「評価」も「試験」も「なんだ、そんなもんか！」

と笑ってみた。笑うことで、距離が取れた。スキマができた。能力、成果、評価は自分自身の価値ではないのだという当たり前のことを再確認できた。

だから、僕はまた戻っていける。能力主義、そして市場経済というシステムのなかへ。祭でストレスを発散し、日常に戻っていく人々のように。

## 「個人に成長を求めず競争力を高める経営」の可能性

でも、葛藤はある。たしかに能力主義は、僕たちに恩恵をもたらしてきた。だから、「能力主義をぶっ壊せ！」と叫ぶのは違う。

でも、否定できないからといってすべてを全肯定してしまうのは、それはそれで違うんじゃないか？　世界は急に変わらないし、変えようとしないほうがいい。ただ、世界を時間をかけて少しずつマシにはしていくべきだ。僕は、あらゆる問題に対してそう考える。

だから、現時点での僕の考えをここに書いておきたい。

まず僕は能力主義の大前提、「能力が高い人ほど取り分を多くする」を社会全体の「お約束」とすることに対して、反対しない。正直に言えば「人をまったく評価も分類もせずに、これだけ大きな社会を回せるのか？」という問いに、うまく答えられない。[※11]

ただ「能力主義をやめる」と決めるだけなら簡単だ。でも、きっと僕たちは能力以外の次なる「評価基準」を発明せずにはいられないだろう。人をまったく分類も評価もせず、大きな社会をつくりあげるのは、とてつもなく難しいことだから。ある程度の規模より大きくなると、どの組織も意志決定のために序列や階層を必要とする。その前提で、2つのポイントについて考えたい。

1つは、「働く人に成長を求めない経営は可能か」だ。能力主義の不幸は、「評価されないことへの不安」を動力源として、人を働かせてしまうところにある。だから、まず働く人に安心を提供する。安心ファースト。そして安心して働けることを通じて成果を生み出す。人材を採用し、競争力につなげる。

成長と、その先にある評価というニンジンをぶら下げなくても成果が出る会社という方向性はありえないだろうか。

実は、もうすでにそういう経営を実現している「いい会社」はけっこうある。性善説に基づき、「お尻を叩かなくても社員はきっと会社のためにがんばってくれる」と徹底的に信じ切る会社。だけど、そういった会社は圧倒的に地方に多い。逆に、都市部でこのスタイルを貫く会社は、まだほとんどない。[※12] 思うに、流動性が低い地方では可能でも、流動性が高く人の入れ替わりが激しい都市部になると、性善説で信じ切る経営の難易度は一気に上がるのだろう。

ますます社会が流動化していくなかで、評価というニンジンをぶら下げずに競争力を高める会社は、どんなかたちをしているのだろうか？


考えたいもう1つのポイントは、「つながりの再分配は可能か」だ。

能力主義は特定の人を排除する。けれど、逆に能力主義だからかろうじて社会とつながれる人もいる（たとえば、共感性は低いが高い専門性を持つ人など）。何が言いたいかというと、能力以外の評価基準を新たに発明したところで、いずれにせよ、誰かは排除されてしまう。評価をするとは、区別することだからだ。どんなしくみでも必ず、誰かは排除される。だとすれば、その排除された人たちに、生きるためのお金が再分配されることがまずは重要だ。

ただ僕は、自分が社会との接点を失い、さみしさのどん底をさまよった経験から「その人が、お金だけでなく『つながり』を享受できているか？」という別のポイントをつい考えてしまう。お金は再分配できる。でも、「つながり」は再分配できない。どこにだって売ってない。

ベーシックインカムが実現し全員が金銭的に自立できても、「はい、お金を渡しましたので、もうひとりで生きていけますよね」と孤立に追い込まれてしまう世界はなかなかに悲惨だ。「つながり」「役割」「居場所」。それらの分配は可能なのだろうか。可能だとしたら、どのように？　この2つのポイントについて、僕はまだ思考の旅の途中にいる。

現時点での僕からの提案は、いまの能力主義をベースとしつつも、能力を「モノ」として、つまり個人の所有物としてではなく、「コト」、関係性のなかでそのつど生まれる相互作用として捉えようというものだ。

言い換えれば、組織で働く人の「能力の合計値を最大化しよう」という発想をやめて、「内部リソースと外部リソースの相互作用を最大化しよう」というものの見方を始めること。すると、「この人にはどれくらいの能力があるのか？」という問いは「この人の内部リソースは、どのような外部リソースがあると活きるのか？」「いつ、誰と、どんな状況なら、うまく働ける人なのか？」へと変わっていく。

ただし、そのためには「ビジネスパーソンたるもの、いつでも、どこでも、誰とでも、状況に左右されず一定のパフォーマンスを出すべき」という規範と、まず手を切らないといけない。ここで詳しく書く紙幅はないが、ビジネスの世界で重視される「科学的」「再現性」などの言葉とほどよく距離を取ることが、そのスタート地点となるだろう。

また、「内部リソースと外部リソースの相互作用を最大化する」という視点は「触媒的能力」の考え方ともつながっている。他のメンバーにとってよき「外部リソース」となることを、組織として評価できるか。

もう一つ。「能力」はそもそも環境によって決まるのだった。だからたまたま現代の日本社会という環境にうまくハマらず「能力が低い」と評価される不運な人を、金銭的にも、そして精神的にも孤立させないこと。それが、僕の考えの現在地だ。

## 老いて必ず「能力」は消えゆく

この章を終える前に、能力主義と切り離せないこととして、僕の経験からもうひとつ伝えたいことがある。「老い」についてだ。

老いとは、「できること」が、ひとつ、またひとつと「できないこと」になっていく、長い長い下り坂だ。僕はうつでその下り坂、というよりも崖《がけ》を、数十年分、一気に飛び降りた。すると、「私は〜ができる」という肯定は、一気に「〜ができない私なんて私じゃない」という否定に姿を変えて自分を責め苛《さいな》んできた。

地獄だった。「私は〜ができる」という能力を軸にアイデンティティを確立した先にあったのは、無限の自己否定だった。

一方で、うつにより「擬似おじいちゃん」状態になったことで、なんだかアホらしくもなった。どんな偉人も賢人も、どうせやがて老いるのだ。文字が読めなくなり、歩けなくなり、やがて排泄すらままならなくなる。僕たちは、すべての能力は必ず消えゆくという事実にあまりに無《む》頓着《とんちゃく》に、そして無邪気に、能力を追い求めてはいないだろうか。

ボーヴォワールという思想家は、「老いは文明のスキャンダルである」と表現した。「文明の」という言い方がおもしろい。たしかに、文明こそが加速を生む。そして加速はあらゆるものを時代遅れにする。その結果、時代についていけない「老い」を解決すべき「課題」にしてしまう。文明は老いを呪うのだ。

僕たちは生産性や理性によって人が評価される社会で、今後、どう老いを呪わずにいられるのだろう？　擬似的に老いたままの僕は、いつか必ず老いるあなたと、そのことについて考えてみたい。

## 誰かが生きやすくなった世界は、きっと誰かが生きづらい

この章では、能力主義について考えてきた。それは当初思っていた以上に、とてもあやふやなシステムだった。ただ、あやふやでありながらとても明確にシステム化され、社会のすみずみにまで浸透している。そして個人の心理にも、深く根を張っている。

それでも、「能力主義」を攻撃してハイスッキリ、とはいかなかった。人間は評価と分類に苦しむけれど、それ抜きにこの複雑な社会が成り立つと思えるほど、僕は楽観的じゃなかった。人は歴史上、誰かをずっと排除してきたし、これからも少なからずそうするだろう。

「能力主義なんてやめればいい！」と叫べなかった僕は、敗者として「まあ、せいぜいこんなもんよ」と能力主義を笑う道化役に回った。それはいかにも敗者らしい、ひ弱な態度だ。でも、自分が敗者であることを根拠に「このダメな世界を変えるんだ！」と強く勇ましく語るのがいいことなのか。僕はそうは思わない。自分が生きやすくなった世界では、きっと誰かが生きづらい。世界はどこまでいっても不完全で、だから少しずつマシにするしかない。焦らずに、時間をかけて。

僕は「世界を変える」ってカッコいいよね、というその価値観をこそ覆したい。何かを変え

られる自分でなくても、そのままでいられる。その堂々とした敗者っぷりこそが、変化や課題解決に焦る現代の、精神的な意味における「強さ」なんじゃないか？　僕たちは、そんなふうに強さと弱さの意味をズラしていくほうがいいんじゃないか？

何を「能力」とするかは、環境に依存するのだった。それは、「強さ」と「弱さ」も、まったく同じだ。だから、弱さについて考えるとは、「それを『弱さ』たらしめているものは何か」について考えることでもある。世界を変えられない僕は、この先の章でも、引き続きその「何か」について考えていく。

1 成果主義という言葉も使われるが根底にある発想は同じだ。成果主義と能力主義を比較すると、成果主義は「何ができるか」より「何を成したか」に注目する。ただ、その「何を成したか」は能力に規定されると考えられているので、結局、何かが上手にできる人に多く、できない人には少なく分配点は変わらない

2 原作はファン・マヌエル『ルカノール伯爵』（1335年）

3 鈴木宏昭『私たちはどう学んでいるのか』P182-184を参照

4 本書は便宜上、以降も「能力」という言葉をそのまま使う

5 触媒の例としてはデンプンを分解する酵素アミラーゼが挙げられる。アミラーゼはデンプンの分解を促すが、自身はその分解の前後で変化しない。アミラーゼがなければデンプンは分解されないが、アミラーゼ自体はあくまでそのままである

6 ごきげんという言葉について付け加えておきたいことがある。ごきげんでいることの重要性は、コーチ・エィ伊藤守氏から教わったものであり、著者のオリジナルではない。もう1つ、これは僕自身の見解だが、ごきげんはポジティブとは違う。無理にニコニコし続けることはごきげんの真逆である。腹が立ったらすぐ怒る。悲しいときは悲しむ。そしてすぐもとの自分に戻ってくる。ネガティブな感情をすぐ完了させられることがむしろごきげんでいるために重要となる

7 まさに「個の力」に焦点を当てたメディアが、2010年代のNewsPicksであることは触れておくべきだろう。著者は2019年4月に入社し、まさにその渦中にいた自覚がある

8 『企業が求める〈主体性〉とは何か』P37を参照

9 同、P11を参照

10 能力主義は、必ずしも正しいから採用されているわけではない。ただ、アメリカにおける能力主義の歴史は少し違っているので補足しておきたい。アメリカは、効果ではなく正しさを根拠に能力主義を取り入れている国だ。もともと移民国家だったアメリカでは、マイノリティ（黒人、女性など）が血を流しながら平等を獲得してきた。その結果、人種、性別、年齢、あらゆる要素で差別が禁止された。ただ、社会を回す上では、実質的な選別をせざるをえないシーンがある。そのとき唯一残った差別的ではない

要素が能力だった。なぜなら、能力は後天的に獲得可能と考えられるから。だが、それは建前にすぎない。最近はその建前があることによって貧困が再生産されている、という議論もある。本書でも登場するマイケル・サンデル『実力も運のうち 能力主義は正義か?』も同様の問題提起をし、活発な議論が交わされている。アメリカの歴史は、何の選別もせずに社会を回すことの難しさを示している

11 1つ前の「アメリカにおける能力主義の歴史」に関する注釈ともつながるが、何の選別も分類なく大規模な社会を回すことは、極めて難しい。そして選別には評価がつきものだ

12 数少ない実践例として、クラシコム代表取締役の青木耕平氏からはいつも大きな刺激を受けている。参考:『【クラシコム 代表】「モチベート禁止」無理に頑張らせない』https://newspicks.com/news/5271775/

第5章

# 「理想的なビジネスパーソン像」は強すぎないか？

僕を「弱さ」たらしめているものは何か。それは経済、ビジネスの論理と深く関係している。そして、そのビジネスの論理について考えていくほど、僕は自分の感受性と、ビジネスの論理の齟齬《そご》が目につくようになってきた。

この違和感は何だ？

「強いビジネスパーソン像」と自分の感受性のあいだにある（でも見ないことにしてきた）、このズレはなんだ？

僕は、自分の感受性が育まれたこの日本という社会について考えることが増えていった。そもそも「社会が個人にどんな影響を与えているか」を考える時点で、「日本社会がどんな社会なのか」を考えることは不可避だったのだ。すべての社会はそれぞれまったく別のかたちをしているのだから。

僕のなかにはある仮説が生まれ始めていた。経済の論理が求める「強いビジネスパーソン像」と、「日本の文化のなかで生まれやすい人間像」のあいだにはズレがあるんじゃないか？

だから僕たちは、強くなりきれないんじゃないか？

## ビジネスの世界はどんな個人を前提としているか？

まず現代における、「強いビジネスパーソン像」、つまり経済的に求められる理想の人間像とはどんな人間だろう？　いくつか、思いつくままに挙げてみたい。

・周囲の状況に左右されず「いつでも、どこでも、誰とでも」働けること
・感情を適切にコントロールできること
・よりよい自分へ成長したいという意欲を持っていること
・思ったことをはっきり言えること
・変化を歓迎し、柔軟に対応できること
・何か問題が生じたときは他責にせず、自責思考で行動すること
・プライベートで起こったことで、仕事のパフォーマンスを落とさないこと

どれもがかつては「当たり前」と考え、そして体力が減り体調・感情の波に振り回されるようになった今、できなくなったことだ。

「ビジネスの世界が前提とする個人像、強すぎんか？」
この疑問は僕の体感から生まれた、弱音であり泣き言だ。

ただ、今振り返れば、発症前の僕はこの「強すぎるビジネスパーソン像」になるため必死に自分を律し、自己コントロールしようとしていた。そして弱くなって、いまさら気づいた。多くの人が、見えづらい苦しさを抱えながら、平気なふりをしてなんとか日々をやり過ごしている。何があっても、傍《はた》からはいつもの自分に見えるように必死に「ふつう」を演じている（そもそも、すべての女性はホルモンバランスの変動があるのに、一定のパフォーマンスを求められるのだ）。

## 僕たちが強くなりきれない理由

「これほど強さが求められる世界に自分はいたのか！」

復職後、僕はあらためて驚いた。その驚きを出発点として、ここまで「経済」を軸にこの社会がどのように成り立っているのかについて考えてきた。そして、考えれば考えるほどに、避けては通れない論点が浮かび上がってきた。

それは、この社会、もっと具体的に言えば日本という国の文化だ。ここでいう「文化」とは、規範、習慣、教育のしくみや社会制度、良い悪いの基準、言語など、社会をつくりあげるものを広く含む。

日本が近代化の道を歩み始めたのは、つい最近、明治時代以降のことだ。まだたったの１５０年前。１６０年遡れば、そこはもう江戸時代だ。

日本は世界でもまれに見る速さで近代化、産業社会化に成功した国だと言われる。けれど、僕たちはあまりに速く変化しすぎたんじゃないか？

日本は、人の出入りが活発でない流動性の低い社会のなかで文化を醸成してきた。その文化はときに「ムラ社会」的とも呼ばれる。あとで詳しくみるが、僕たちはまだ思っている以上に「ムラ社会」を生きている。

しかし、加速する経済は、社会の流動性を一気に高めた。この流動性のギャップが、僕たちを戸惑わせている。僕たちは、表層は市場経済のシステムにどっぷり浸かりながら、深層の文化・感性までは染まりきっていない。システムは1年で輸入できても、文化が変わるには１５０年でも足りない。だから、ビジネスの論理において「強く」なりきれないんじゃないだろうか。

日本は、まったく西洋的ではない文化のうえに、西洋から輸入した経済システムが乗っかっている。「『生きる』にとって経済は何か？」を考えるうえで、そのちぐはぐ感を無視するほうが無理がある。

僕の弱さは日本の文化の中で育ったことと関係している。だから、その弱さは同じ日本の文化の中で育ったあなたにも、部分的につながっている。「日本」という大きな話は、実はあなた個人の「生きる」と直結している。(※1)

経済システムが求める強い人間像に、僕たちは半分なりきりつつ、なりきれない。その要因のひとつに「日本的感性」がある。

## 「いつでもどこでも誰とでも、私は私」な強い個人

あらためて、ビジネスの世界における「強い個人」とは何か。その特徴を次の3つにまとめてみる。

・自己認識：いつでもどこでも誰とでも「変わらない私」
・重要要素：経済性（≒生産性）

・世界観：みずから～する（能動的）

その逆の「弱い個人」は次のとおりだ。

・自己認識：いま・どこ・誰の組み合わせによって「変わる私」
・重要要素：社会性（＝周囲との人間関係）
・世界観：おのずから～なる（受動的）

「いつでもどこでも誰とでも、私は私」という強い個人。状況に左右されない確固たる「自分」を持ち、集団に同調せずに、はっきりと意見を主張する。こういったあり方は「個人主義」と呼ばれる。

ビジネスの世界には、「人は個人主義的な存在だし、また個人主義的であるべきだ」という規範が存在する。たとえば、「個人主義」の真逆をいく、周囲に影響されやすい人を想像してみてほしい。場の雰囲気やタイミングなどに影響されて意見がコロコロ変わってしまう人。その人はきっと、「思考に一貫性がない」という評価を受けるだろう。または会議で周囲の顔色や空気を気にして、あるいは反対されるのが怖くて発言できない人。おそらく「達成意識が弱い」「目標に集中できていない」と評価されるはずだ。

ビジネスの世界は、どんな状況でも「私は私」とばかりに自分を貫ける個人主義的なあり方を「強さ」と捉える。じゃあ、その個人主義の起源はどこにあるのか？

ジョセフ・ヘンリックの『ＷＥＩＲＤ《ウィアード》「現代人」の奇妙な心理』は、個人主義の起源について教えてくれたダントツの傑作だった。「ＷＥＩＲＤ」とは（Western（西洋の）／Educated（教育水準の高い）／Industrialized（工業化された）／Rich（裕福な）／Democratic（民主主義の）の略だ。そしてＷＥＩＲＤとは英語で「奇妙な」という意味を持つ。ヘンリックは、「現代人」は奇妙だと主張しているのだ。

「現代人」と呼ばれる者たちが持つＷＥＩＲＤな特徴は、実は西洋のごく一部の国々のものでしかない。それなのに、ＷＥＩＲＤ的、個人主義的な人間像があたかも「現代人の普遍的心理」のように扱われてしまっている、というのがこの本の問題提起だ。

ＷＥＩＲＤ、つまり市場経済が発達し経済的に栄えている国々、具体的にはアメリカ、カナダ、イギリスなどの西欧・北欧の一部、オーストラリア、ニュージーランドなどに住む人々の「現代的」な特徴を、ヘンリックはこう描写する。

〝極めて個人主義的で、自己に注目するとともに、自制を重んじ、集団への同調傾向が低く、分析的思考に長《た》けている。人間関係や社会的役割よりも、自分自身を——つまり自分の本来の性質や、業績、目標を——重視する。周囲の状況にかかわらず「自分自身」であろうと（する）〟

（ジョセフ・ヘンリック『WEIRD（上）』P44より）

周囲の状況にかかわらず「自分自身で」あろうとする。その姿は、「いつでもどこでもだれとでも、私は私」という現代の「強いビジネスパーソン」のイメージとほぼ重なる。

僕はこの文章を読んで衝撃を受けた。たしかに、自分は「周囲の状況に左右されない自分であろう」と明確に意識してきた。何の疑問も持たず、人というのはそうあるべきなのだと考えてきた。

## 「個人」という概念の起源

個人（individual）という概念が日本に入ってきたのは、明治時代になってからだ。想像しづらいが、つい150年ほど前まで僕たちは「個人」という言葉がない世の中を生きていた。

一方、「個人主義」そのものの歴史はとても長い。もともと、個人の概念が発達したのは、ポリスと呼ばれる「都市国家」がいくつも存在していた紀元前の古代ギリシャだと言われている。そのなかには、弁論による多数決でものごとを決める、いまの民主制に近い政治を行っていたところもあったようだ。そしてこの地から、言葉、理性を意味する「ロゴス（logos）」という言葉が生まれた。

「ロジック」は、この「ロゴス」を語源とする。ロジックで議論を戦わせ、聴衆が各々の意見を表明し、ものごとを決めていく。個人が自分の意見を持ち、それを表明することが奨励された古代ギリシャの文化が、個人主義の原点にある。

なぜ、個人主義が生まれたのが古代ギリシャだったのだろうか。他にも栄えていた地域はあったのに。それは、古代ギリシャが、交易が活発で都市国家間での移動が盛んな社会だったことと無縁じゃない[※2]。この「いつでもどこにでも行ける」人の流動性が高い環境から、個人主義という文化は生まれたのだ。

ロジックを戦わせる議論は、必ず敗者を生む。敗者が勝者に恨みを持つのは万国共通だ。議論による多数決が実現するには、この「恨み」が蓄積されないしくみが必須となる。逆に、敗者に逃れる場所がないと議論の文化は根付かない。あとで詳しく見るが、日本の社会にはこの逃れる場所がなかったのだ。

ちなみに古代ギリシャの哲学者ソクラテスが、自分への判決が理不尽であると知りながら、「悪法もまた法なり」と毒杯を仰ぎ亡くなったエピソードも、この流動性の観点から考えるとおもしろい。

実は、このときソクラテスは別に死ななくてもよかった。当時、判決が不服ならポリスを出ていく自由が保障されていた。だからソクラテスに死刑を言い渡した陪審員も、本当に死ぬと思ってはいなかった。「いつでもどこにでも行ける」のに、あえて逃げなかった。だからこのエピソードは今日まで語り継がれている。

「不満があればどこにだって行ける」。その社会の流動性が、古代ギリシャに議論と個人の意志を重んじる文化を育んだのだ。[※3]

## 「個人主義」こそ例外的

個人主義はその後、キリスト教の発展とともに広がっていく。ヘンリックは、個人主義がキリスト教圏で広まった要因として「結婚の条件に厳しい制約を設け、親族（血縁）ベースの社会を解体した」ことに注目した。本書のテーマからは逸れるので大事なポイントだけ簡単にまとめておく。結婚うんぬんはいったん無視していい。重要なのは、「親族」から「個人」へという大きな流れだ。

・人間は、一人では生きられない社会的動物である
・だから人間は社会をつくるが、多くの社会は「親族間の強固な人間関係」をベースとして発展してきた
・しかし、キリスト教圏だけで結婚の条件に制約が課され、結果的に「親族間の強固な人間関係」が解体された
・親族関係が解体された結果、キリスト教圏に個人主義の社会が生まれ、それらの社会が結果として経済的に発展した

ほとんどの社会は親族関係をベースとして成り立っている。個人ベースのＷＥＩＲＤな国々のほうがむしろ例外なのだ。そして例外であるがゆえに栄え、存在感を増し、それが正しい「現代人」のあり方かのように思われてしまっている。

少なくとも、「私は私」という個人主義は、人間が持って生まれてきた性質じゃない。あくまで文化として、後天的に身につけられていく考え方なのだ。

## 個人主義と能力主義は相性がいい

ただ、僕たちは個人主義にかなり染まりつつあるため、親族ベースと言われてもピンとこないかもしれない。親族ベースの社会のありようを、ヘンリックは次のように描いている。小難しい文章に見えるかもしれないが、読んでほしい。驚くはずだ。

〝強い親族規範は、個人を先祖伝来の、相互に依存し合う、緊密な社会的ネットワークに埋め込むことによって、人々の行動を知らぬ間にしっかりと統制している。こうした親族規範があると、個人は、自分や自集団の成員に目を向け、列を崩す者が一人も出ないように監視しようという気持ちを刺激される。また、多くの場合、こうした規範によって、年長者には、年下の成員に対する相当な権威が与えられる。この種の社会的環境を巧みに生き抜くには、仲間に同調し、伝統的権威を敬い、恥への感受性を高め、自己よりも集団（たとえば氏族）に意識を向けているほうが有利になる〟
（ジョセフ・ヘンリック『WEIRD（上）』P277より）

まるで、昭和の日本を観察して書かれたかのようじゃないか！　けれどヘンリックが書いているのは、日本のことじゃない。「親族ベースが残っているとこういう社会になりやすいよ」という人類全般の傾向のことなのだ。その直後、ヘンリックは1行も空けることなくこう「個人ベース」の社会を描写する。

〝それに対して、親族の紐帯が少なく、その力も弱い場合には、個人は互恵的な関係を、たいてい見ず知らずの相手と築いていくことが必要になる。そのためには、他者とは異なる独自の属性や特性を養い、業績を挙げることによって、自分をその他大勢から際立たせなければならない。このような個人中心の世界で成功するためには、独立心旺盛で、権威に従わず、罪感情が強くて、個人の業績に関心を向けているほうが有利になる〟(※4)
（ジョセフ・ヘンリック『WEIRD（上）』P277より）

うってかわって、令和の日本を生きるビジネスパーソンを描写したかのようだ。能力主義のなかでみずから「業績を挙げ」、「その他大勢から際立」つ。仕事ができなければ、他人の目線を気にしてではなく、自分で自分を許せず、責めてしまう（罪感情）。

僕はこの両方の記述に、自分を感じ取った。日本は「親族ベースの世界[※5]」から「個人ベースの世界」へと移行する過渡期にあるのだ。

## なぜ日本で「根回し」の文化が発展したか

他でもない古代ギリシャで個人主義が芽吹いた一因は、流動性の高さ、つまり人の出入りが多く「いつでも出ていける」場所だった点にある。じゃあ、この「いつでも出ていける」度は、日本においては歴史的にどう変化してきたのだろう？

戦乱の世は、せっかくがんばって育てた穀物が根こそぎ奪われるようなことは日常茶飯事だった。江戸時代以前の権力者の役割とは、まず第一に農民の「土地を守る」こと。農民からすれば、守ってもらうからこそ年貢を徴収されても文句は言えない、というわけだ。

ただし、あまりに重すぎる年貢を課された場合には、「脱走」も存在した。「いつでも出ていける」度が、流動性が、多少はあった。

実はこの流動性が一気に下がったのが江戸時代だ。自分の土地を持つ農家が増え、人々の中に「先祖代々の土地を守る」意識が芽生えていった。「イエ」という概念は、この頃に生まれている（だから多くの家では家系図が江戸時代までしか遡れない）。

土地は先祖から引き継ぎ、子孫まで残すもの。今のように気軽に売ったり買ったりするなんてとんでもない。土地に縛られ、「いつでも出ていける」度は極めて低くなった。一時的に移動する自由はあっても、イエごと移動することは難しかった。

また、日本で盛んだった稲作（水稲）は、一家族だけでは実らない。近隣の農家と共同で水を管理し、繁忙期には「今日はAさんの田んぼ、明日はBさんの田んぼ」と、文字どおり力を合わせて作業した。おのずとご近所づきあいは密になり、しかもその関係性は、土地とともに子や孫の代まで続いていく。だから、感情的な衝突は慎重に避けなければならない。

古代ギリシャが闊達《かったつ》な議論を交わせたのは、「いつでも出ていける」度が高く、敗者の恨みが蓄積しなかったからだ。逆に日本は、土地に縛られ逃げられないため、蓄積された恨みをリセットできない。だから、正面からの侃々諤々《かんかんがくがく》の議論を避け、敗者をつくらない意思決定システムができていった。

古代ギリシャは多数決で決める。日本は全員一致で決める。[※6] 感情的衝突を避けるには、全員一致で合意し敗者をつくらないほかないからだ。日本に「根回し」の文化が発展したのは、なにも裏でこそこそ話すのが好きだからじゃない。表で決定的に意見が対立し関係性が悪化したら大変なので、根回しで事前に利害調整をすませておくほうが合理的だっただけだ。「全員一致の合意形成システム」と「根回し」は、2つでセットなのだ。

ビジネスシーンでは、「根回し」は非効率の象徴のような言葉だ。けれど、だとしたらなぜ我々は非効率な文化を発展させてきたのか？　そこを無視して表層的なノウハウだけを取り入れても、うまくいくはずはない。

さすがにこの数年、「根回し」という言葉そのものを聞く機会は減ったが、過渡期ならではの現象は今日も続いている。たとえば、ムラ社会的文化が色濃い会社で根回しや利害調整を得意としてきた人が、異業種や、同業種のスタートアップに転職してそのスキル自体が不要となり、活躍できなくなる例は少なくない。

僕たちは、部分的にまだ江戸時代のムラ社会的メンタリティで生きている。古代ギリシャの民主制から2000年以上経っても、日本的感性はいまだに喧々諤々の議論を苦手としている。

だから日本で働く多くのリーダーは困っているんじゃないか。少なくとも、僕は困った。議論と意思決定の方法について、一度もやり方を習ったことがなかったから。

「じゃあA案で……大丈夫ですかね？」

リーダーを務めていた頃、僕はいつも議論の最後にやんわりと聞いていた。本来なら意見が割れたときに最終決定することこそリーダーの役割なのだから、別に聞かなくてもいいのだ。

「議論は尽くしました。A案でいきます」と言えばすむ。それなのに、僕は、いつも相手に苦い感情を残していないかと怯えていた。

ふだんZoomのチャット欄に「大丈夫です！」とリアクションをくれるメンバーが、今日は無表情で横を向いている。何か、納得のいかないことがあるのだろうか。僕は不安な気持ちで会議を終える。

## 「いいえ」とはっきり言えない僕たち

「大丈夫です」

よく考えたらずいぶん不思議な言葉だ。「はい」とも「いいえ」とも取れるから、結局どっちなのかよくわからない。なぜ、「『大丈夫です』はわかりにくいので、今日から禁止です。『はい』と『いいえ』のどちらかで発言してください」とならなかったのか。いや、そう考えてみると、ほかにも「けっこうです」「いいです」など、似た例がいくつか浮かぶ。

文脈によって意味が変わる単語は、日本語以外でもみられる。けれど、日本語はもはや「意思表示を曖昧にする」ことに意地になっているようにすら思える。

「今日飲みにいける?」「あ、ちょっと今日はアレなんで……」における「ちょっと」や「アレ」など、とにかく日本語には直接的に「いいえ」と言わないための小道具が満載なのだ(「アレ」ってなんなんだ)。これも感情的衝突を避けるムラ社会的文化と無関係じゃないだろう。

気の小さい僕も、「ちょっとトイレ行ってきます」「ちょっとコンビニいってきます」などとつい「ちょっと」を付けてしまう。自分としても、相手の感情を損ねたくないシーンで使っている自覚はある。

僕は「強いビジネスパーソン」の特徴に「思ったことをはっきり言えること」と書いた。実際、職場で「相手の感情を損ねたくなかったので自分の意見は言いませんでした」などと言う人間は評価されないだろう。でも、僕たちはそもそも思ったことなんて簡単に言えない。感情的衝突は避けるべきという文化で育ってきたからだ。

「孫の代まで同じ土地」の日本の文化は、感情的衝突を避ける合意形成のかたちを生んだ。そして、そのコミュニケーションスタイルや言葉遣いは、今日もなお生き残っている。

とはいえ、「感情的衝突を避けるのが日本文化の特徴なのだ」と言い切るのは、なかなか難しい。この手の文化論はだいたいが「そうかもしれないし、そうじゃないかもしれない」という推測の域を出ないからだ。(※7)

そんな壁にぶつかっていたときに出会ったのが、社会学者・渡邉雅子が書いた『論理的思考《ろんりてきしこう》」の文化的基盤《ぶんかてききばん》』だった（ゴロがいい！）。彼女のアプローチはとても鮮やかで、国ごとの思考表現スタイルという「目に見えない文化」を、国語や歴史の教育システムという「目に見える文化」から抽出・分析することによって印象論を脱している。

日本・アメリカ・フランス・イランという4つの国を対象にした渡邉の分析のうち、ここでは日本とアメリカに絞ってその考察を拝借したい。

渡邉によれば、日本は「社会性原理」、アメリカは「経済性原理」によって教育が組み立てられているという。

社会性原理（＝日本）は、「社会秩序を成り立たせる道徳心を、他者との共感を通じて養うこと」を重視する。

経済性原理（＝アメリカ）は、「比較検討し最も早く確実な手段を選択し目的を達成すること」を重視する。

結論から言えば、僕たちの抱える「弱さ」と「強いビジネスパーソン」とのギャップはこの教育システムの違いに明確に表れている。それぞれの特徴を詳しく見ていこう。

## 日本の国語教育に見る「共感のすり合わせ」

渡邉は、日本の思考表現スタイルを国語の「感想文」から抽出する。「感想文」にはいくつかの特徴がある。まず、教師からの「感想文を書きなさい」という、目的が不明確で曖昧な指示により書かされること。ただ一般的に期待されているのは、共感、驚き、感動などの感情を表現し、自分がその体験によりどう変化したかを描き、その内容がきちんと読み手に伝わることだ。

どんな体験をし、どう変化したか。これが定型のフォーマットなので、「未来からの逆算」ではなく、過去から現在へと出来事をそのまま並べる「順算」、つまり時系列そのままの形式をとりやすい。

そしてもう1つ特徴的なのが、感想文を互いに読み合うことだ。

〝個々の感想文に対する感想を言い合い、さらに考えを深めさせる手続きを踏むことが国語教科書や作文指導書で勧められている。そこで教師は「はじめに書いた感想と変わったか」「なぜ変わったか」という問いかけをして、ひとりで読んだ時と友だちの感想を聞いた後で感想が「変化すること」の期待を表明する〟(※8)

感想文の読み合いで行われていることは、自主的な共感のすり合わせとでも呼べるものだ。

渡邉はこうも書いている。

〝個人の感じたことを社会的に期待される「感じたこと、思ったこと」へとすり合わせていく橋渡しが行われ、しかもこの過程は自分で選び取ったものと児童は理解する〟

(以上、渡邉雅子『「論理的思考」の文化的基盤』P199より)

「自分で選び取ったものと児童は理解する」。まさに規範を内面化するプロセスそのものだ。感じたことを書きなさい、と先生は言う。けれど、本当に常識から逸脱した感想を書いてしまうと、きっと「読み聞かせ」によって、やんわりと正されていくのだろう。

　小学校の感想文は、その後中学校では意見文、高校では論説文、大学入試では小論文と名前を変えていくが、どれも「自分とは異なる立場から自分の考えを見直す」内省的な視点を文章に組み込むことが求められる。逆に、自分の意見を押し通すことはよくないこととされる。ここにも、僕は感情的衝突を忌避する文化の名《な》残《ごり》を感じる。

　感想文からはじまる「自分の意見を押し通さない」「異なる立場から考える」思考表現スタイル。これこそ日本の教育が「道徳心を、他者との共感を通じて養う」ことを重視する社会性原理と呼ばれるゆえんだ。

　そしてその社会性は、試験と評価を通じて個人へと刷り込まれていく。試験で何を問うかは、「この社会が、あなたに何を求めるのか」そのものだ。では、いったい日本という社会が求めるものは何だろう?

　日本の大学に進学する多くの高校生が受ける大学入学共通テスト（かつての「センター試

験」）は、問いのうち22％もの分量が「心情」を読み解く問題に当てられる。複数の国の国語教育を比べたうえで、渡邉は、この心情中心の試験形式を「日本の国語試験の最も大きな特徴」とまで書いた。[※9]

日本社会があなたに求めるもの。それは、小学校から大学入試にわたるまで、一貫して「他者の心情の読み解き」と「共感」なのだ。

僕は昔、小学校のホームルームがずっと嫌いだった。ケンカについての話し合いが、「AさんもAさんだけど、BさんもBさんで悪いところはありましたね、直せることは互いに直しましょう」のように、仲直りがゴールになっていることが。[※10]どうしても譲れない部分にこだわると「自分の意見ばかりで聞く耳を持たないのはよくありません」と怒られ、相手と「すり合わせ」をさせられる。

「相手の気持ちを考えながら」[※11]「自分とは違う立場になって考えてみる」[※12]。これらの言葉は、現在の教科書にも方針として明確に示されている。自分以外の視点を重んじる日本の思考表現スタイルには、感情的衝突を避ける文化が引き継がれている。今日この瞬間も、子どもはその教育を受けている。ムラ社会的メンタリティは、再生産されている。

社会性原理のもとでの強者は、相手の気持ちを汲み、思いやれる「いい子」だ。けれど、その「いい子」像と経済性原理のもとでの強者である「強いビジネスパーソン」は一致しない。むしろ実感としては、共感性が高いとビジネスの世界ではこころがすり減る。目的の達成より目の前の「相手の気持ち」を優先してしまい、ハードな意思決定ができないケースも多い。学校での理想の個人像と、企業での理想の個人像のあいだにある明確なねじれ。それは、「相手の気持ち」と「目的の達成」とのあいだに生じるねじれでもある。

そして、この「目的の達成」こそ、経済性原理の国アメリカがもっとも重んじるものだ。

## アメリカの国語教育で叩き込まれる「結論ファースト」

渡邉は、アメリカの教育の特徴をひと言で「経済性原理」と描写した。まず、目的ありき。生徒は選択肢のなかでもっとも早く確実に、目的を達成できそうなものを選ぶ。これはビジネスの原理そのものだ。だから「経済性原理」なのだ。

アメリカの国語で叩き込まれるのは、いわゆる「結論ファースト」のライティングスタイルだ。読み手が最小限の時間で、最大限の理解を得られる文章。最初に結論を述べ、次に結論を支える論拠を、重要なものから順に並べていく。余分な情報は切り捨てる。「結論ファースト」は、日本の感想文に見られる「時系列」スタイルの真逆と言える。

ただ、この「結論ファースト」スタイルは、アメリカに生まれたとて自然にできるようになるものじゃない。だからこそ、小学1年生になると「オピニオン・ピース」と呼ばれる訓練が行われる。「I think...because...（私はこう考える、なぜならば…）」というフォーマットに乗せて主張↓論拠の順に表現することで、「結論ファースト」を会得していく。(※13)

小学3年生になると、いよいよエッセイを書き始める。だが、生徒は書く前に必ず、「主張」「論拠」「具体例」が一覧になった、全体構成を明確にするための「オピニオンチャート」をつくらねばならない。最短で書き進める設計図であるオピニオンチャートなくして、やみくもにエッセイを書き始めてはいけないのだ。

これは、「プレゼン資料はまずアウトプットイメージを紙に手書きして、全体構成と必要要素を明確にしてからつくり始めろ」というビジネス書のセオリーと、その意図も、方法論も完全に一致する。こうしてアメリカでは、小学校から徹底して「目的」の重要性が教えられる。

〝目的とその行き着く先を明確にすること、そしてその目的に到達する効果的な手段を選

択することこそが良いエッセイを書く基本と考えられている〞

（渡邉雅子『「論理的思考」の文化的基盤』P68より）

〝エッセイはその構造上、主張を持つこと、すなわち目的を持つことを強いる。方向性のない闇雲な努力をするな、計算のうえ比較考査して手段を選び決断せよと迫る〞

（同、P96より）

明確な目的の設定と、最短で向かう効率性へのこだわり。これがアメリカの教育の基本の型だ。経済における最重要指標「効率」を重視するからこそ、「結論ファースト」のアメリカのライティングスタイルは、経済化する世界でグローバルスタンダードとなっている。

僕は、「だからアメリカはすごい」と言いたいわけではない。いかに「アメリカのふつう」が「ビジネスのふつう」になっているかについての驚きを共有したかったのだ。

# アメリカの歴史教育に根付く「強い個人」の世界観

アメリカの歴史教育は、日本のそれしか知らない僕には相当な驚きだった。
歴史の授業で特に人気なのが、シミュレーションゲームだ。「リンカーンは南北戦争で南部に軍隊を使うべきか」など、特定のテーマについて、目的に対してもっとも適切と思われる選択肢はどれかを決断させる。「歴史の授業は決断の授業」と言われるほどだ。
南北戦争のシミュレーションに関して、引用する。

〝児童はまず未来の目標として何を達成しなければならないのかを明確にし、その目標から振り返って現在の行動を決定するように求められているのである。ここである児童が、「良いことも悪いことも同じくらいの程度で起きる可能性があるので、大統領は戦争をすべきともやめるべきとも言えない」と答えると、教師は即座に「肝心な点を理解していないね。君、つまりリンカーンは何を達成したいの？　それがポイントだ」とのみ言って次の児童を当てた〟

（同、P83より）

おそらく、ここで児童の言っていることは正しい。だって、その時点で何が起こるかなんてわからない。けれど、先生はきっとこう言っているのだ。それでもなお、決断することが大事なのだと。

このやりとりをビジネスの話として聞けば、とても自然だ。何が起こるかわからない不確実な世界であっても、目的を設定し、選択肢を比較検討し、決断を続けていかなくてはならない。それがビジネスだ。アメリカの教育が、まるでビジネスの予行演習のように見えてくる。

僕はレーベル創刊前、矢継ぎ早に決断を求められていた頃の自分の姿を思い返した。

〝選択肢の洗い出し。時間切れ。情報がないなかで決断、決断、また決断〟

（本書P21より）

渡邉はこう続ける。

〝南北戦争の授業では、行動を起こして環境をコントロールすることによって目標を達成するという、目的達成思考の個人主義に基づく直接的な因果関係が強調されていた〟

（渡邉雅子『「論理的思考」の文化的基盤』P84より）

アメリカの歴史教育は、まさに強い個人の世界観「みずから〜する」であり、環境はみずからの働きかけで変えられるという信念をベースとしている。だからこそ「誰々がAの決断をしたから、Bのようになった」というシンプルで、個人を重視した因果関係の捉え方がベースとなる。

彼らにとって重要なのは、因果関係だ。「WHY?（なぜそれが起こった?）」と過去の「原因と結果」の関係を問い、その因果関係のパターンを未来へと反転させて、予測し、決断する。

一方、日本の歴史教育は、設問のうちこの「なぜ（WHY?）」が1割程度と、極端に少ない。その代わりに目立つのが、8割ほどを占める「どのように（HOW）」だ。

「国土はどのように統一されていったのでしょうか」

「武士はどのように勢力をのばしていったのでしょうか」

「戦争はどのように終わったのでしょうか」

アメリカが個人の行動に焦点を当てるのに対して、社会の流れそのものを問うものが多い。

日本の中学校の教科書には、こう記載されている。

〝歴史上の出来事は、ひとりでに起こるわけではなく、背景や原因になった出来事や、影響を受けた出来事があり〟

〝出来事の「相互の関連」を考えることで、歴史をより深くとらえることができます〟

（東京書籍『新しい社会 歴史』P13より）

日本の歴史教育では、「個人の働きかけで世界が変わる」とは考えない。そうではなく、多様な原因が絡み合った相互作用の結果、ものごとが生じると捉える。よくも悪くもなりゆき的で「個人」が弱い。

「みずから〜する」世界観のアメリカ。「おのずから〜なる」世界観の日本。

繰り返すが、僕は「アメリカのようになるべきだ」と言いたいのではない。経済性原理の国のあり方を通して、経済の世界で求められる「強さ」の正体を覗《のぞ》き込もうとしているのだ。

## 日本の教育とビジネスの論理の決定的な違い

大まかな傾向として、アメリカの教育では、「因果関係は細分化することで理解可能・コントロール可能」と考えられ、日本では、「因果関係は複雑すぎて理解不能・コントロール不可能」と考えられている。

だから、アメリカでは未来に目的を設け、現在の最適な手段を選ぶという「未来からの逆算」思考が主流だ。歴史のシミュレーションゲームでも、結論ファーストのエッセイでも、「目的」ありきの逆算思考が一貫している。一方、日本では、「どのようになったか」という、時系列そのままの「順算」の流れで世界を捉える視点が、こちらも歴史教育と国語の感想文の両方に共通している。

時間の流れが逆なのだ。そう言葉にすると、まるで何かの膜がはじけたみたいにいろいろなものがクリアに見えるようになった。

未来からの逆算（逆因果律）のアメリカと、現在からのなりゆき（時系列）の日本。

「時間ができると『何か役に立つことに使わなければ』と考えてしまい、しんどいです」

彼の声を、もう一度思い出す。しょうがない。僕たちは、未来からの逆算に文化レベルで慣れていないのだ。それでも、脳の対応力はすごい。今日僕たちは、かなり未来からの逆算ができるようになっている。そこそこできてしまうからこそ、しんどいのだ。

僕たちは引き裂かれている。日本の教育の中で培われた「時系列的な時間観」と、社会に出ると急に影響力を増す「未来からの逆算的な時間観」とのあいだで。

## 「パチンコ玉的自分」と「ウツワ的自分」

僕は、いつでもどこでも誰とでも、状況に左右されず変わらない強い自己を「パチンコ玉的自分」、そして、いつ・どこ・誰の状況によって変わる弱い自己を「ウツワ的自分」と呼ぶことにした。

ウツワは、環境ありきの存在だ。フタのないウツワは、どうがんばろうと、一緒にいる誰かや周囲の状況など外の要素が中に入ってきてしまう。環境あっての私、閉じられない私。私は外部との関係性によって変わりゆく。
一方、パチンコ玉は閉じている。環境と切り離されている。いや、「いつでも、どこでも、誰とでも変わらない私」を実現するには切り離されている必要がある。状況によって変わるような私ではいけないのだ。
僕は、日本的感性は「ウツワ的自分」度合いが高く、(※14)「パチンコ玉的自分」度合いが低い傾向にあると考える。『ＷＥＩＲＤ《ウィアード》』からもうひとつ、関連する箇所を引用しよう。

〝世界の多くの人々に比べると、ＷＥＩＲＤな人々は、相手がどんな人物であるか（後輩、友人、親、教授、見ず知らずの他人等々）に関係なく、自分は「誠実さ」や「よそよそしさ」などの面で一貫した態度をとると報告する。それに対して、韓国人や日本人は、相手との関係によって態度を変える――つまり、母親、友人、教授に対してとるべき態度が決まっている――と報告する〟

（ジョセフ・ヘンリック『ＷＥＩＲＤ（上）』Ｐ57より）

繰り返すが、僕たちは、曖昧さを強く保った日本語という言語を使って、周囲との関係性に

「ウツワ的自分」と「パチンコ玉的自分」

| ウツワ的自分 | | パチンコ玉的自分 |
|---|---|---|
| いつ・どこ・誰の<br>状況次第 | 自分観 | 私は私 |
| おのずから〜なる<br>（制御できない「諦念」） | 制御の感覚 | みずから〜する<br>（制御できる「信念」） |
| 受動的 | 態度 | 能動的 |
| 複雑で理解不可能 | 因果関係の捉え方 | ある程度理解可能 |
| 時系列に「なりゆく」 | 時間観 | 未来からの逆算 |
| 閉じられない<br>（遮断できない） | 外部からの影響 | 閉じている<br>（遮断できる） |

とても敏感に生きてきた。(※15) 過去の話じゃない。今この瞬間も小学校から大学入試まで、「相手の気持ち」の読み取りを重点的に鍛えられている。そんな社会で、パチンコ玉のような強い個人は生まれづらい。

ビジネスの世界においては、パチンコ玉的であることが強いとみなされる。もう一度、強い個人の特徴を見てみよう。

・自己認識：いつでもどこでも誰とでも「変わらない私」
・重要要素：経済性（≒生産性）
・世界観：みずから〜する（能動的）

これらは、相互につながっている。どんな状況でも一貫して「変わらない私」は、他人に影響されない自分の意見を持ち、決断できる。周囲の人の感情よりも、「目的」達成を優先してストレートに議論を交わす。また、「最小のリソースで最大の成果を上げる」経済性を重視し、意思決定する。ビジネスの世界は、こういった人間像と相性がいい。

そして、これらすべての土台には、自分たちは世界に働きかけられる、変えられる、コントロールできるという信念に支えられた「みずから〜する」の世界観がある。

だからビジネスにおいては「世界を変える」という意気込みが勇ましく語られる。ただ、その支配感が「強さ」だとされる社会は少し息苦しいんじゃないか。前の能力主義の章の最後で、僕はそう言いたかった。「おのずから〜なる」文化で育った僕たちには、「世界を変える」がピンとこない十分な理由がある。

## どこより自然に翻弄されて育った受け身の文化

なぜ、日本ではこの「おのずから〜なる」（受動的）価値観が育まれたのか？

僕は、自然環境や地理的要因など風土の影響が大きいと考えている。日本列島のいちばんの地理的特徴は何だろうか。ひと言で言えば、古代から、世界中のどこよりも自然に翻弄されてきた土地。それがこの国だ。

世界中の陸地のわずか0・25％の面積に、世界中の活火山の7・0％が、マグニチュード6以上の地震回数の20・8％が集中している。世界中の災害被害額の18・3％が日本で生じている。[※16] 地震、津波、台風、火山の噴火から土砂崩れ、河川の氾濫、雪崩まで、まるで自然災害の

## 死者数1000人以上の主な地震・津波（1800年以降）

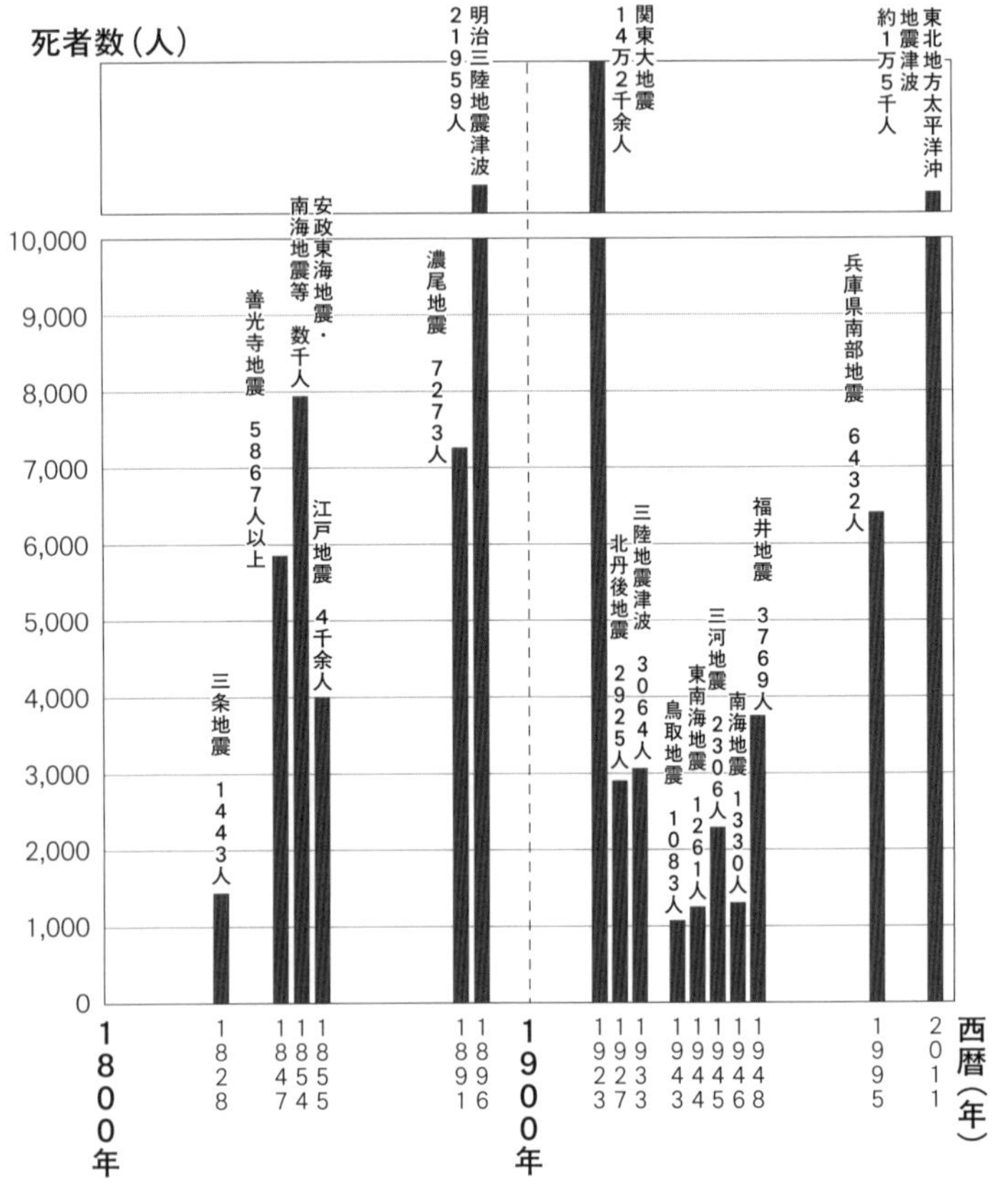


※竹村公太郎『日本史の謎は「地形」で解ける【文明・文化篇】』（PHP研究所）P276〜277図4をもとに著者が一部改変。データは『理科年表』（2001年）を参照

フルコースだ。

ゆく河の流れは絶えずして、しかももとの水にあらず。

祇園精舎の鐘の声、諸行無常の響きあり。

脈々と日本的感性に受け継がれてきたこの無常感はどこからきたのか。なす術のない自然災害から「おのずから（受動性）」の感性が育っていったとしても不自然ではない。世界でもまれに見る災害大国・日本で育まれた「おのずから」文化[※17]のゆりかごで、僕は育った。「みずから」さまざまなものをコントロールできる強い人間になろうと背伸びをし、その後、弱くなった僕には「おのずから」の感性がすっとなじんだ。「おのずから」の感性とは、コントロールできないものとして世界を捉えるという点で、「偶然性の感性」とつながっている。人生は「おのずから」としか、そして「偶然」としか言い得ないことに満ちている。

## 「おのずから」と「みずから」

おのずから。みずから。いずれも「自ら」と同じ字で書く。「おのずから」は主に「なる」という言葉とセットで用いられ、自分にはコントロールできない、なるようにしかならないという受動性が色濃く感じられる。一方で、「みずから」は「する」という言葉とセットで使われ、行為をした人の能動性がより強く感じられる。

「このたび、結婚する運びとなりました(※18)」

このような定型文の書かれた手紙を受け取ったことのある人は多いだろう。よく考えてみれば、これはへんてこな文章だ。結婚は「する」と決めてするものだ。誰かに強いられて婚姻状態に「なる」わけじゃない。しないことだってできたけれど、本人たちが「する」と選択し、決めたのだ。

このへんてこな文章には、おのずからの世界観、弱い自己の特性がよく現れている。複雑な流れの中で、自分たちは、たまたま相手と出会うことになり、気づけば結婚生活の入り口に立っていた。そんな自由意志の外側に対する感性が、この表現からは感じ取れる。日本の日常には、今日も「おのずから」の感性が生きている。

## 「やりたいことがある人はえらい、って空気やめてもらえます?」

いまだ日常に息づくおのずからの感性を持つウツワ的自分と、職場で求められるパチンコ玉的自分とのミスマッチ。それは「やりたいこと」という言葉によって炙り出される。

「あなたのやりたいことは何?」

職場において数多く繰り返されるこの質問。そこには、ウツワ的自分にとって重要な「いつ・どこ・誰」という外に関する情報が抜け落ちている。「何がやりたい?」という質問には、パチンコ玉的な「外の状況に影響されない『私は私』的人間であるべきだ」という一貫性の規範が、そして「指示待ちではなく、ブレない『やりたいこと』という目標を持つべきだ」という能動性の規範が、暗黙のうちに含まれている。

質問を受けた側もその暗黙の前提を察するので「やりたいことはとくにありません」という受け身な姿勢は見せるべきじゃない、と考え言葉をひねり出す。

けれど、やっぱり間違っているのは「やりたいこと」と「あなた」を直線的に結び、「いつ・どこ・誰」をまったく考慮しない質問のほうにあるはずだ。

結局、どこまでいっても、人間は外との関係性の上にしか存在できない。

パチンコ玉的に「いつでも、どこでも、誰とでも変わらない私」であるべきだという規範は現実離れしているし、実際、そんな人はどこにもいない。

実現しようがない状態を、全員がうっすらと「目指さなくちゃ」と感じている。この状況はやはりＷＥＩＲＤ——奇妙だ。

「私には『やりたいこと』よりも、安心して『ここが自分の居場所だ』と思えるチームで働けるかどうかのほうが大事です」「自分に周囲が期待してくれることをただがんばるだけです」

これらは、多くの組織において思ってもなかなか言えないことだろう。でも、言えてもいいんじゃないか。関係性のなかで人間を捉えるなら、そんなに不思議な言葉じゃない。

「『やりたいこと』がある人のほうがえらい、という空気はしんどいのでやめてほしいです」

本当は、気軽にこう口にできるといいのだけれど。

感情的衝突をなんとしても避ける文化で育った僕たちは、そのうまい伝え方がわからず、今日もなかなか言えないでいる。

## ウツワ的に働く

国という大きなテーマを扱ってきたこの章の最後に、一人ひとりの「働く」について補足しておきたいことがある。

経済的な規範は、「いつでも、どこでも、誰とでも」働けるパチンコ玉的な人材を高く評価する。たしかに、どこでも働ける人材の市場価値は高い。ただ、それは一般論であって、他ならぬあなたの1回きりの人生がそうである必要はない。

どの会社からも引っ張りだこの人材にならなくては、と思っているとしたらその思い込みはやめてしまおう。この瞬間、自分を必要としてくれる場所がたったひとつあれば、それでいい。どのみち身体はひとつしかないのだ。

ただ、そのためには「自己分析」が重要となる。ウツワ的、つまり外との関係性によって自分が定まるタイプの人にとって、自己分析とは結局「外との相性分析」のことだ。だからしっかり「外との相性分析」をして、自分に合う組織だけを渡り歩いていけばいい。

自分はどんな人たちと、どんな雰囲気ならば気持ちよく働けて、逆にどんな環境だと息苦しく感じるのかを、直感も十分に交えつつ考えてみる。

すべてはうつろっていく。僕のように数年で自分の価値観が極端に変わることもあれば、会社の側が変わることだってある。合わなくなれば、去ればいい。合うなら長くいればいい。流動性の高い社会をウツワ的自分で働き、生きるには、そういった「軽さ」のリテラシーが求められるんじゃないだろうか。

あんまり転職しすぎると履歴書の印象が……？　大丈夫。人は実際、そこまで軽くなりきれない。関係性に敏感なウツワ的な人にとって、環境の変化はことさらストレスだ。ウツワ的な人には「ここが自分の居場所だ」と思える感覚が必要だし、そう思えるようになるには時間がかかる。

だから、結局のところ社会がどれほど流動化しても、人はそこまで流動的に生きることはできないし、無理に流動的に生きようと思わなくてもいい。ＳＮＳで知人の転職を知っても、焦ることはないのだ。

さて、さまざまなトピックが入り乱れたこの章を簡単にまとめておこう。

僕は、弱くなってはじめて「ビジネスの世界で求められる人間像」は強すぎじゃないか、と困ってしまった。そして、「弱い自分と強い理想像のギャップが日本社会の文化とつながっているのでは」という仮説を立てた。

そこから、ビジネスの世界で求められる「いつでも、どこでも、誰とでも変わらない」パチンコ玉的な閉じたあり方と「いつ・どこ・誰」という外の影響を受けて閉じられないウツワ的あり方という補助線を引きつつ、僕たちはウツワ的な文化の中で、今も相手の立場を重視する教育を受けながら、ビジネスの世界ではパチンコ玉的であることを求められているんじゃないか、それがギャップの正体なんじゃないか、というところまで考えを進めてきた。

パチンコ玉的人間のほうがえらいということはない。どんな状況でも一貫している人間がえらいということはない。常に目的に対して最短距離で向かい、能動的に「やりたいこと」を明言できる人間がえらいということはない。

ただ、それはビジネスというゲームと相性がよい、というだけのことなのだ。

1 言うまでもないが、日本的感性を持つのに国籍は一切、関係ない。日本の文化に少しでも触れ、生きる人全員に対して僕は「あなた」と呼びかけている

2 古代ギリシャにおいて、人々による自発的な移動が常態化していたことについては、長谷川岳男の論文『「移動」から見る古代ギリシア社会』（史苑　第83号、159～185P、2023）を参照

3 本章の、人の流動性の観点から古代ギリシャと日本を比較する考察は、橘玲著『（日本人）』（幻冬舎文庫版）のP123～126「妥協と全員一致」P214～217「古代ギリシアのデモクラシー」にその多くを負っている

4 「罪感情」とは、「自分が決めたことで自分を律する」、自律的な自己コントロールを指す。親族ベースに登場した「恥感情」は、逆に「他人との関係性をもって自分を律する」他律的な自己コントロールを指す

5 強い親族間のつながりなんてそれこそ昭和の話だろう、今はそんな時代じゃないと思われるかもしれない。けれど、ヘンリックはこの点についても興味深い実験結果を挙げている。36か国にわたる、14000人の移民の第二世代、つまり「親は移民だが自分は移民先の国で生まれた人たち」を調べたデータによると、親族ベースの強固さは、移民先で生まれた第二世代にもはっきり影響を及ぼす（同（上）、P340-341）。まったく違う土地で生まれ育った人ですら、ルーツとなる国の親族ベースの強固さに影響を受けるのだ。つまり文化はすぐに変わらない。にもかかわらず、社会はあまりにも速く変わっていく

6 補足しておくと、全員一致の合意システムは日本だけの特徴ではなく多くの国で見られる。多数決が自然で全員一致が不自然に感じられるなら、その感覚こそがweirdなのだというのがヘンリックが主張するところだ

7 ちなみに『WEIRD』は文化について論じた本としては異色で、膨大なデータをもとに仮説を提示しており、説得力は極めて高い

8 この箇所で渡邉が括弧をつけて引いている部分の原典は国語教育研究所編『「作文技術」指導大事典』1996年、明治図書出版、P214

9 渡邉雅子『「論理的思考」の文化的基盤』P225

10 「仲直りがゴール」は子どもたちだけの話ではない。江戸時代の、もめごとを表沙汰にせず解決する「内済《ないさい》」から、今日の「示談」重視の姿勢に至るまで、日本の法制度は「どちらが正しいか決着をつけること」よりむしろ「和解による手打ち」が目指されてきたと言える

11 『国語　五』２０２２年、光村図書出版Ｐ41

12 同、Ｐ１７６〜１７８

13 渡邉雅子『「論理的思考」の文化的基盤』Ｐ65

14 「日本人は『ウツワ的自分』度合いが高い」ことは「日本人『だけ』がウツワ的度合いが高い」ことを意味しない。実際に流動性の低い農耕社会では似た性質が見られることは橘玲もたびたび『（日本人）』で紹介し、『ＷＥＩＲＤ』もまた日本的な特徴が他の国（多くはアジア）に共通して見られることを示唆している。いずれの本も、日本人が「日本特有」だと感じていることが、実はそうではないという事実を豊富な事例から解き明かしている

15 日本語という言語は関係性ありきで一人称が決まる（関係性がわかるまでは往々にして省略される）。関係性によって、同一人物が「僕」「俺」「私」「パパ」「おじさん」と一人称を無意識に使い分けている。英語の一人称がほぼＩだけでどんな状況でも変わらないのとは対照的だ

16 内閣府「防災情報のページ」図1-1-1「世界の災害に比較する日本の災害」https://www.bousai.go.jp/kaigirep/hakusho/h18/bousai2006/html/zu/zu1_1_01.htmより

17 本文では日本の「おのずから」性だけに触れたが、アメリカだけでなくＷＥＩＲＤな国々に共通する「みずから」性、つまり能動的に世界に働きかけられる、コントロールできるという感覚は、どこからきたのか。少なくともキリスト教文化と無関係ではないと思われる。聖書には、次の有名な一説がある。「（人間よ、）生めよ、ふえよ、地に満ちよ、地を従わせよ。また海の魚と、空の鳥と、地に動くすべての生き物とを治めよ」（旧約聖書創世記1章28節）。この箇所が非常に有名だが、「人間が地上を治める存在である」という発想は、聖書全体に通底している。たとえば、旧約聖書詩篇8編5〜9節

18 本節は倫理学者・竹内整一の『「おのずから」と「みずから」』から多くの洞察を得ている。「結婚する運びとなりました」の「なる」に関する考察も、同書に登場するもの（Ｐ5-7）

# 第6章

# 自分を責めすぎないために

ここまで、市場経済を肯定的に捉えつつも、なぜその中でときに人はしんどさを感じてしまうのかを考えてきた。この章ではいったん経済から離れて、「自己責任」「自己選択」「因果関係」などをキーワードに、僕たちを無意識に苦しめている「ものの見方」の正体を見定めてみたい。

僕たちは、かつてないほど豊富な選択肢に囲まれて生きている。働く場所も、パートナーも。「選べる」は正義。それが、現代の大きなスローガンだ。だって、昔は選べなかったから。身分によって職業が決まるより、仕事を自分で選ぶほうがいい。親族が決めるお見合いより、好きな人と恋愛して結婚するほうがいい。選択肢が制限されているよりも、選択肢が多いほうがいい。

一方で、実は選べる人生も楽とは言えない。「自分で選んだんでしょう?」の言葉に続くのは、「だから、あなたの自己責任ね」だ。でも、自分で選んだことの責任は本当に自分で取らないといけないんだろうか? そもそも、本当に自分の意志だけで何かを選んでいるのだろうか?

僕は障害を発症し、いろいろなことが選べなくなった。そのなかで、この「自己選択→自己責任」という現代的ロジックにもまた、違和感が募っていった。

このしんどい人生は、僕のせいなんだろうか？

## 「誰になるか」を選び続けるしんどさ

僕は働きすぎて心身を壊した。ずっと治らない。ときどき、自分の声が自分を責める。

「勝手にデキるビジネスパーソンぶって、働きすぎたおまえがぜんぶ悪い」

「障害が治りそうにないのも、休職を繰り返して傷を深くしたおまえがぜんぶ悪い」

「避けられたリスクを避ける選択をしなかったおまえがぜんぶ悪い」

僕は僕に弱々しく返す。「本当に僕がぜんぶ悪いのか……？」「いまの僕は、ぜんぶ僕が選んだ結果なのか？」「それはさすがに違うんじゃないの？」

自分の中にこだまする声に言い返したくて、僕はまた本に助けを求めた。

すると、いまの「私」のありようを私が選んだなんてとても言えないし、自分を責めすぎなくていい。そう先人が教えてくれた。僕の苦しみを和らげてくれたのは「私を軽くする」ものの見方だった。

選べるは正義。誰もに選択肢を。

それは正しい。ただ、ときにしんどい。なぜかというと、何でも選べる状態とは、何かを選んだ後も、ずっと違う選択肢が頭にチラついてしまうことでもあるからだ。自分で選んで結婚できることは、自分で選んで離婚できることとセットだ。もっといい人がいるんじゃないか？いつだって選び直せるがゆえに、「選ぶ」をなかなか完結できない。

そして現代では「私自身がどんな人間であるか」も、「選ぶ」ことの対象となる。社会学者のアンソニー・ギデンズは言う。

〝日々なされるすべての些細な決断――なにを着るか、なにを食べるか、仕事でどのように行動するか、そのあと晩に誰と会うか――が、そのようなルーティーンを構成する。すべてのこのような選択は（中略）誰になるのかについての決断である〟

（アンソニー・ギデンズ『モダニティと自己アイデンティティ』P138より）

僕たちは、「誰になるか」を決断によって自由に選ぶことができるし、選ばなければいけない時代を生きている。美容整形が盛んな国では、もはや自分の身体や容姿すらも選択の問題だ。

誰になるかは、自分で選べる。だからこそ「あの決断は正しかったのか？」「違う決断をしていたら、今よりもっといい自分だったんじゃないか？」という自問自答を、「クヨクヨ」を、僕たちはずっと繰り返してしまう。

## 愛ってなんとなく冷めるよね

「選ぶ」にクヨクヨし続けてしまうのは、「自己選択→自己責任」というロジックで世界を眺めているからだ。「自由と責任はセットです」。これは僕たちが社会を生きるうえでの基本ルールとなっている。そしてこのルールには、2つの暗黙の前提が隠れている。

1つは、ものごとを自由に選べる「自由意志」が存在すること。もう1つは、行動と結果のあいだに明確な「因果関係」があること。本当だろうか？　順番に考えてみたい。

「自由意志は存在するのか？」

この問いの歴史は長く、今も決着は着いていない。その長い論争を辿《たど》るなかで僕はスピノザという哲学者に出会い、とても惹《ひ》かれた。以下は、僕なりに解釈したスピノザの考えだ。

スピノザは僕たちとは異なる「自由意志」のあり方を考えていた。そもそも自由とは何か。自由とは外からの影響をまったく受けない状況であり、そんなことは不可能なので、完全なる自由はありえないとスピノザは考えた。もし自由だと感じるとしたら、それは複雑な原因に気づけていないという無知にすぎない、と。外からの影響を受けないなんてありえないと断じるあたり、なんだかウツワ的な考え方だ。

そしてスピノザは、自由を「度合い」で考えた。「ある／ない」で二分しないこの現実的な態度が僕にはとても重要に思える。自由意志について考えるとき、僕たちはだいたいの場合「自由意志は『ない』」という結論をどこかで恐れているからだ。

だって、もし「自由意志はない」のなら、自分が自分のものじゃないような気がしてしまう。自分という乗り物を操縦するコックピットに座っているのが、もし自分以外の何かだったら？想像するだけで恐ろしい。

スピノザは、自由意志を一元的にではなく多元的（以降、この本のキーワードになる）に、つまり「原因は1つではなく、たくさんある」と考えた。コックピットのイスは1つじゃない。人間の行為は知覚できないほど複雑で、たくさんの原因から生まれている。

この「たくさんの原因」という考え方は、スピノザの死後400年経ったいま科学が明らかにし始めている「意識」の見解にも近い。[※1] 僕たちの脳はいつも大量の情報をキャッチしているため、ほとんどの情報を無意識に処理していて、意識上で知覚できる情報は全体のうちごくわずかにすぎない。私たちはその「ごくわずかな情報」から何かを判断しているつもりでいるが、その判断は無意識に行われる情報処理に大きく影響を受けている。

意志や行為にたった1つのシンプルな原因は、ない。スピノザは「ひとつの自由意志」という神話から僕を解放してくれた。多元的な原因、たくさんの原因によって行動する「私」。「私」を操縦するコックピットにイスは無数にある。ただ残念ながら、僕たちの脳はすべてのイスを認識するには、あまりにポンコツすぎるのだ。[※2]

もうひとつ、「人間の行為がいかに多元的か、いかに多くのものに影響を受けているか」を僕に教えてくれたのが、ヒンディー語の与格という文法だった。僕はこの文法が、人間くさくてなんだか好きだ。

英語だとI love you、日本語だと「愛している」と表現するシーンを、ヒンディー語の与格では「私にあなたへの愛がやって来て、留まっている[※3]」と表現する。それは、愛を外から勝手に入ってきてしまうものとして捉えるという点で、ウツワ的とも言える。

与格はなんとも無責任でいい加減だ。いつか他の人が好きになってしまったら「留まっていた愛が、もう行ってしまったの」とでも言うのだろうか。でも、実際のところ、愛ってそういうものじゃないかという気もする。愛することも冷めることも、何か一元的な原因があるわけじゃない。知覚できないほど多元的な原因から、もっとラフに言えば「なんとなく」、あなたへの愛はどこかへ行ってしまったのだ。別に私が追い出したわけじゃないのだけれど。

人間の行為は、感情は、ひとつの原因で記述できるほどシンプルじゃない。だから責任の所在なんて簡単にはわからない。ただし、じゃあ何に対しても無責任でいいかといえば、もちろんそんなことはない。

もし、何をしても責任が一切問われない社会、「すべては『おのずから』なのさ」と開き直れる社会があったとしたら、すぐに崩壊してしまうはずだ。(※4) 崩壊を防ぐためには、誰が意志を持ってその行為をしたのか、責任者をはっきりさせなくちゃいけない。社会をうまく回すには、「責任」という概念が発明される必要があった。

結局、「自由と責任はセットです」の前提となる「自由意志」も「責任」も、能力や評価と同じく、社会のお約束にすぎない。本当は個人の中で完結しないものだけど、しょうがないから個人にひもづけられているだけだ。

多元的に自由意志を捉えると、「自由と責任はセット」の重みは、少しだけ軽くなる。

## 「たまたまこうなった」だけの自分

次に、もう1つの暗黙の前提「行動と結果のあいだに明確な『因果関係』がある」についても考えてみたい。

この本では、すでに何度も偶然性に触れてきた。「偶然であること」は「予測不可能であること」とほぼイコールだ。そして、因果関係が予測不可能なことに対して人は責任を取りようがない。あなたが青信号を直進中に急に横から信号無視の車が飛び出してきたとしても、あなたの責任は問われない。予測不可能だからだ。

現代社会がもし責任というものを重視するなら、予測不可能であること、つまり偶然性は重要なテーマになる。

『急に具合が悪くなる』の共著者であり、偶然性の研究者である宮野真生子は、闘病の末に亡くなった。そして、残されたもう一人の共著者、磯野真穂が書いた次の単著『他者と生きる』

には、宮野の思想が色濃く反映されている。

〝私には、このように生まれない可能性はいくらでもあった。しかしそうであるにもかかわらず、私はこのように生まれ人生を歩んでいる。私は、私の代わりに存在したかもしれない、私がこのように生まれたゆえに無となったいくつもの可能性を背後に抱え、無数のそうでない可能性を食い破って今ここにある〟

（磯野真穂『他者と生きる』P262より）

いくらでも他のありようでありえたのに、今、なぜかこのような自分として在ること。磯野が強調しているのは、今このような私であることの偶然性、予測不可能性だ。僕はこうして『弱さ考』を書いている。でも、うつになどならず元気に働き、弱さについて考えない可能性だって大いにあった。

障害者になって、僕はようやく気づいた。今までの人生は、まったく必然じゃなかった。みずから選んでつかみとってきたという自負なんて、ただの錯覚にすぎなかったのだ。

その錯覚に気づいた瞬間見えてきたのは、膨大な数の「ありえた自分」だった。障害者にならなかった自分。編集者にならなかった自分。男性ではなかった自分。そもそも生まれなかった自分。その「ありえた自分」たちの無限の地平に、僕は目が眩《くら》む思いがした。

「ありえた自分」の存在に気づき、人生の偶然性に敏感になって、僕はまざまざと今、自分がこのようにあることの不思議さを感じるようになった。

移植手術を必要とする子どものニュースを見れば、「なぜ自分の子どもには大きな疾患がひとつもないのか？」。ホームレスを見れば、「なぜ自分は家を失っていないのか？」。視覚障害者が杖を持って歩いているのを見れば、「なぜ自分には視覚に障害がないのか？　ものが見えているのか？」。

亡くなった宮野が研究対象としていた九鬼周造は著書『偶然性の問題』の中で、偶然を「驚異の情緒」と呼んだ。今、自分が平穏に生きているということへの驚き。その驚きは、「平穏に生きている」という肯定形じゃなく、「生きるという複雑な営みにひとつも致命的なエラーが生じていない」という否定形として、僕の胸元へ飛び込んできた。

健康は、「病の不在」としてしか驚けない。一度「失う」をくぐり抜けなければ、本当に大事なことに「驚く」ことはできない。僕は実体験を通じてそう感じた。

当たり前のように、さも必然かのように語ってきた自分の過去の物語が、強固に見えた因果関係がぼやけていく。

「こうしたから、こうなった」という必然性の物語から、「こうでなかったかもしれないのに、なぜかこうある」という偶然性の物語へと身を移して、僕はやっと腹からわかった。「ひとつの原因」に「ひとつの結果」が対応するような一元的な因果関係なんて、嘘っぱちなのだ。

にもかかわらず、一元的な因果関係で「原因→結果」を結ぶ言葉が、世界にはあふれている。「自己選択→自己責任」はその代表格だ。この思考の型から自由になるには、原因と結果の「一対一対応の罠」から抜け出すしかない。因果関係の鎖を外さなくちゃいけない。偶然性は、その鎖を解く鍵になる。

## 人は「物語化」しないと世界を理解できない

自分が今このような自分である理由は何もない。にもかかわらず、僕は自分が今こうあることになんの不思議さも感じずに生きてきた。つまり、偶然を無視して生きてきた。なぜだろう？　それは、人間が因果関係をベースに世界を「物語化」しているからだ。

物語は、ここではひとまず「因果関係の連鎖」と定義しておこう。たとえば「AがあってB

が起き、Bによって\mathrm{C}が起き……」というような。

僕たちは、自分の過去を振り返って人に説明するとき、必ずそこに因果関係を設定する。

たとえば、僕は本が好きだったため出版社に入り、努力の甲斐あって、ささやかながら成果に恵まれた。その結果、IT系スタートアップから声をかけられ事業部の立ち上げを任されたのだが、気負いからがんばりすぎて心身を壊し、障害を発症した。その経験からさまざまなことを考え、こうして本を書いている。

このような「自己紹介」や自己PRは、誰が聞いてもわかりやすい物語になるように過去を取捨選択する作業だ。僕たちはまさに「語る」ことで、自分の「物語」をつくりあげていく。

脳は、ありとあらゆる過去のできごとの中から、現在の自分がいま「こうであること」を説明するのに利用できる部分だけを丁寧にピックアップして、利用できない部分についてはものの見事に無視するのだ。(※5)

世界は複雑だ。だけど、人間の脳は世界を複雑なまま捉えられない。だから語る側も聞く側も、ついシンプルな物語に落とし込んでしまう。人間は物語化せずに物事を認識したり、記憶したりすることが苦手だ。

偶然に満ちたこの世界を「聞いていて違和感のない物語」に変換し、そのプロセスの中で「多元的な原因」を「一元的な原因」に置き換えてしまうのは、ヒトの性《さが》であり、脳の限界とも言える。脳は物語的に、シンプルに原因と結果を対応させることでしか世界を理解できない。ただ、脳が物語的に物事を理解するからといって、世界そのものも物語的だとはかぎらない。むしろ、明確に物語的じゃない。世界は、説明に組み込めない偶然性に満ちていて、予測なんて不可能だ。

## この風船がどこに飛んでいくかを誰も知らない

世界の偶然性と予測不可能性を、身近な例から考えてみよう。

カオスや複雑系を専門とする物理学者・藤本由紀は、『新しい自然学』の中でこのようなことを書いている。物理学の世界では、マクロなものとミクロなものについてはとてもよく研究が進んでいる。何十年後の何月何日に地球の至近距離を小惑星が通過することだとか。目に見えないほど小さな細胞のふるまいだとか。

けれど、その中間にあること、たとえば今この手を離れた風船が10秒後どこにあるのかについて、科学は何も答えられないのだ、と。(※6)

物理学においては、「世界は予測可能だ」と考えるニュートン力学はもはや「古典力学」と呼ばれ、20世紀に急速に発展した相対性理論や量子力学によって「世界は複雑であり、根本的に予測が立たない」ことが常識となっている。

真っ平なガラスに垂直に銃弾が当たったとき、どのようにヒビが入るのか。

沸騰した水の最初の泡は、鍋のどの位置から上がるのか。

まったくわからない。「わからない」ということだけがわかっている。

藤本は終始、「世界は部分的にしかわからない」という物理学者の常識が一般の人々にはまだまだ伝わっていない、とそのギャップを訴える。

暮らしのなかでは、ＡＩの発展によって「予測可能」に見える範囲は、加速度的に拡がっている。今後、ますます多くの人は「世の中は予測可能なのだ」との思いを強めていくだろう。それでも、世界は本質的には予測不可能で、わからない。ただ、人間はその「わからなさ」にどんどん鈍感になっていく。

僕にもっとも「世界のわからなさ」を鮮やかに突きつけてくれたのは、脳科学の分野だった。池谷裕二が『単純な脳、複雑な「私」』(※7)で指摘した事実に、僕は驚かされた。

同じ刺激に対する脳の反応の違い

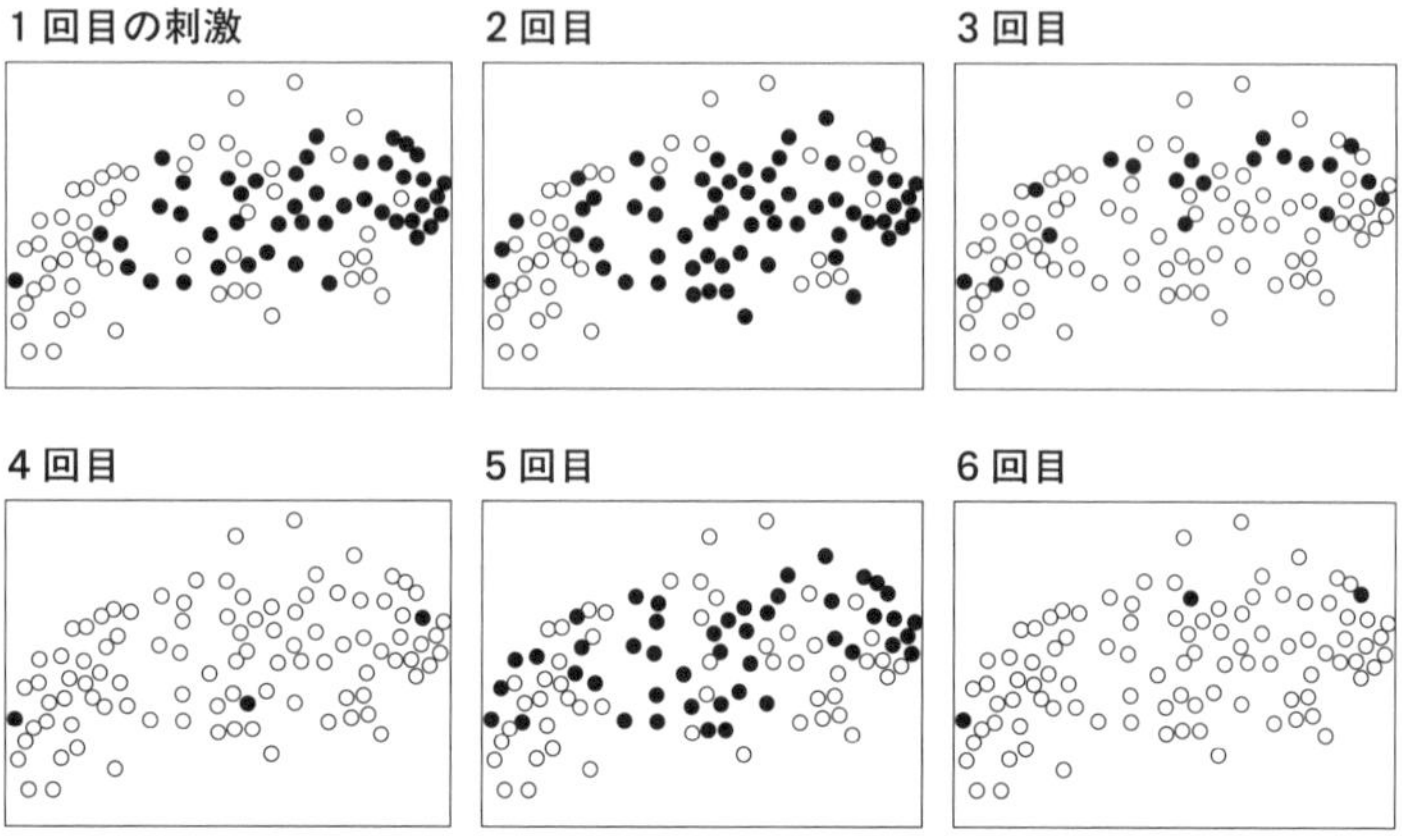


※池谷裕二『単純な脳、複雑な「私」』（講談社）p272図42をもとに著者が一部改変。ネズミの海馬に対する電気刺激。黒丸が応答したニューロン。白丸が応答しなかったニューロン

脳内の神経細胞（ニューロンとも呼ばれる）には「ゆらぎ」があるため、同じ刺激が、同じ神経回路を通過しても、毎回異なる結果が返ってきてしまうというのだ。（※8）

脳が、まったく同じ入力に対して違う反応を示す。それは同じ現実を見ても毎回違ったものとして知覚するということだ。どこまでも不思議な、ゆらぎながら活動する脳。

## みんな話をでっちあげながら生きている

過去に起きたことの因果関係を分析・パ

ターン化し、未来を推測できる。だからこそ人間は賢いのだ。この本を書く前はそう考えていた。

けれど、いろいろな本との遭遇を通じて、その考えは、半分は正解だが半分は間違っていると感じるようになった。因果関係による推測は人間の長所でもあり、短所でもある。

「作話」という言葉がある。文字どおり「話を作る」、平たく言えば、脳が意図せず話をでっちあげてしまう現象だ。「意図せず」というところがポイントとなる。再び池谷の『単純な脳、複雑な「私」』から例をひこう。

あるところに、記憶を司る海馬という部位が傷つき、記憶を蓄積できなくなった患者さんがいた。彼のところに、実験として手のひらに小さな電気ショック機を隠した医者がやってきて、握手を求める。握手すると、当然電気が流れ、患者さんは怒り出す（かわいそうである）。けれど、気の毒なことにこの患者さんは記憶が残らないため、数分経つと何が起こったかすっかり忘れてしまう。ただ、ここが記憶のおもしろいところで、「好き」「嫌い」という感情の記憶だけは、海馬とは別の部位に関係しているらしい。

さて、しばらくして、先ほど電気ショックを与えた医者がやってきて、再び「握手しましょう」と言う。すると今度は、患者さんは嫌がる。けれど、「握手したら電気ショックを受けた」

という事実自体は覚えていないため、「電気ショックが嫌だ」とは言えない。しかし「嫌だった」という感情の記憶だけは残っている。さぁ、どうするか……？

患者さんはこう言った。

「手を洗っていないのです。それで握手をするのは失礼だと思って……」[※9]

そう、まったく無関係な「原因」をでっちあげたのだ。『単純な脳、複雑な「私」』にはこういった原因の捏造が無数に登場する。ただ、池谷はそれらの実験結果を笑い話として紹介しているわけではもちろんない。池谷が伝えたいのは、僕たち人間は一人残らず、いつも作話し続けているということだ。ヒトの脳はそういうふうにできている。ただ、日常では、理由づけが比較的常識の範囲内に収まっているから、その矛盾に気づけないだけなのだ[※10・11]。脳はいつも作話している。この瞬間も、因果関係を無理やりにつくり上げている。この本の言葉で言えば、「物語化」しているのだ。

なぜ人間は作話をしてしまうのだろうか？　池谷は「(因果関係を推測し)原因を上手に探り当てることができた」生物が「進化の過程で生き残ってきたのは想像に難くない[※12]」と生物学的な根拠を持ち出しつつも、「行動や決断に『根拠がない』という状態だと、不安で不安で

しょうがなくなっちゃうんだろうね[※13]」と心理面からも分析している。[※14]

僕も、同じように考える。人間を動かしている根源は「不安」だ。不安を避けるために、癒しとしての努力に走るくらいに。

障害の影響で、「『原因』がないのに、不安という『結果』だけが生じる」という謎の「原因なき不安」に日々困らされている僕は、不安の恐ろしさが身に染みている。

人間は、因果関係の推論が他の動物よりはるかに得意だ。人間は賢い。だけど、複雑すぎるこの世界を理解しきるほどには賢くない。その結果、不完全な推論によって、すべてをシンプルな因果関係に落とし込んでしまう。

## 間違ったことを信じるほうが幸せでいられる

もう少し生活に近い例を見てみよう。「大丈夫。私は原因の捏造なんてしていないし、正しく現実を受け入れているから」なんて思う、過去の僕のような読者がいるかもしれない。

「公正世界仮説」という脳のバイアスがある。[※15] 人間は「公正」な世界を望む。言い換えれば、「因果応報」であってほしいと願う。「世界は公正だから、いいことをすればいい結果が出る」と信じたほうが人生は安定するし、不安が減るからだ。

けれどそう願うあまり、たとえば罪も無い人々が事件に巻き込まれる「結果」を見ると、「きっと彼らにも落ち度があったに違いない」などと被害者の内に「原因」を捏造してしまう。たとえば「夜道で襲われたのは、遅くに出歩いていたせいだ」のように。だって、もし何の落ち度もない人が被害に遭ったと認めてしまうと、世界から公正さが失われてしまうから。

これらは「被害者バッシング」として、僕たちが日々目の当たりにしている脳のエラーだ。日本だけでなく世界中で見られ、性犯罪、傷害事件などさまざまな分野で、今日も不当に被害者が責められている。

ちなみに、一部の研究によればこの「公正世界仮説」を信じる人ほど生活満足度と幸福度が高く、抑うつ的な感情が少ないらしい。[※16] つまり、世界をシンプルに理解するほうが、人は幸せでいられる。なかなか人間というのは業《ごう》が深い。

人間の脳は、世界を単純化したがる。その事実を、まずしっかりと確かめておきたい。

人間の脳はすべてを物語化する。それは、生物学的に言えば脳の限界だ。が、文学的に言えば「救い」でもある。

西田幾多郎という日本を代表する思想家は、身内を何人も不幸で亡くした「哀しみの哲学者」でもあった。彼は次女を喪《うしな》った際、次のような文章を残している。

〝今まで愛らしく話したり、歌ったり、遊んだりしていた者が、忽《たちま》ち消えて壺中の白骨となるのは如何《いか》なる訳であろう。もし人生はこれまでのものであるというならば、人生ほどつまらぬものはない、此処《ここ》には深き意味がなくてはならぬ〟

（『西田幾多郎随筆集』P77より）

たしかに、物語という形でしか物事を理解できないのは、脳のエラーだ。けれど、物語があるからこそ、人は哀しみの中から立ち上がることができる。

「この子はなぜ死んだのか」。骨壺を前にして、偶然を偶然のまま受け入れられるほど、人間は強くない。だから「深き意味がなくてはならぬ」と信じる。

結果を見てから後付けで原因を探し出す僕たちの脳は、簡単に自己責任論や被害者バッシングに陥《おちい》る危うさを秘めている。それでも、僕たちはこの「物語脳」と生きていくしかない。人は物語によって誤り、物語によって救われる。

## 泣くのに理由なんてない

あるとき、娘が泣いた。

「何が嫌なの？　なんかあったの？」ふてくされた娘に何度聞いても返事はない。

僕は開き直って放っておいた。泣きたいのはこっちだよ、まったく。ただ、僕はその頃ちょうど因果関係の不思議について考えている最中だった。「原因なき不安」からくる「こころの出血」にしょっちゅう怯え、切実に悩まされながら。因果関係という世界の基本ルールが急に崩壊したことで僕は混乱し、参っていた。

「原因と結果はそんなにきれいに対応していないし、させようとしなくていい」。それは、誰よりまず自分が救われるために必要な「物語」だった。

僕は娘の隣に座り込んだ。泣くのに理由なんてないかあ。思えば、「泣く」ほど原因が多元的な行為もない。感極まって流す涙の理由なんて、大人だって説明できない。その一滴は、ここまで起こったあらゆることのかたまりなのだ。

「言いたくないの？」

僕がそう聞くと、娘はようやくわかったかと言わんばかりに、不服そうに少し頷いた。

そうだよな。理由なんて、そう簡単に言葉にできない。原因や理由なんて、説明のためのただの道具だ。説明は、社会に飛び込んでたくさんの人と関わり合うときにはどうしても必要になる。でもまだ、しばらくはいいよ。

## 私とは記憶である

ここまで、「自由と責任はセットです」という考えが本当に正しいのかを考えるため、まずその前提となる「自由意志」が多元的であること、「責任」が社会を回すためのお約束にすぎないことをみてきた。「因果関係の推測」に至っては、もはや脳のエラーと言っていい。因果関係自体は存在するのだけれど、あまりにも複雑すぎる。僕たちが認識できるのは、せいぜい脳がわかるレベルまで単純化された因果関係だけだ。

最終的に僕の言いたいことはとてもシンプルだ。人は「いい加減なことはしてはいけない」という責任感からときに苦しみ、悩む。けれど、結局のところ、人間はどんなにがんばったところで、そこそこいい加減にしか生きられないようにできている。だから結果と原因を直線的に結んで自分を責めることに、あまり意味はない。

ずいぶん遠回りをして、自分を操縦する「自由意志のコックピット」に帰ってきた。「コックピットのイスはひとつだ」「そこでは自分ががっしりと操縦桿《かん》を握っているはずだ」という思い込みが少しでもゆるんでいたらいい。

ひとつの行為にだって、億の「原因」がありうるのだ。「結婚する運びとなりました」というのも、あながち間違った表現じゃないのかもしれない。

人間の腸の中には、１００兆以上の微生物が存在していると言われている。また、これらの腸内微生物の一部は、人々の性格や気分や選択にまで影響を与えるという研究もある。[※17] 腸と脳の関係性については、英語圏ではGut-brain axisと呼ばれ、近年とくに研究が盛んだ。

こうなってくると、もはや自分を操るコックピットにはイスのたとえ自体が似つかわしくない。そこはむしろ、大小多数の生物がうごめく薄暗いジャングルのような場所なのだ。

実は、腸は脳に次いで1億以上もの神経細胞があるため「第2の脳」と呼ばれている。こうなってくると、もはや「私」がどこに存在するのかさえわからない。

結局「私」とはなんなのか。脳にいるのか。腸にもいるのか。少なくとも、「私」が1つの

「モノ」として脳に格納されているわけじゃないことだけはたしかだ。

結論からいこう。僕にとって「私」とは、過去であり、記憶だ。

まず、「物体としての人間がどのように存在しているのか」を観察してみよう。井上慎平という人間をつくる細胞は、毎日入れ変わっていく。そして数ヶ月も経てば、ほとんどの細胞はまるまる入れ替わってしまう。では、この「ほぼすべての細胞が入れ替わった井上慎平」は、何を根拠に井上慎平だと言えるのだろうか？

それが、記憶だ。今、僕は過去の自分を思い出すことができる。小学校での些《さ》細《さい》なケンカから、新しい家族を持った日のことまで。細胞がほぼすべて入れ替わっていく自分が、ほかでもない井上慎平だと自信を持って断言できるのはこれらの記憶があるからだ。[※18]

脳科学者の池谷も、〈自分〉という自我を存続させることは記憶の役割のひとつであり、記憶こそが、自分が「1人の人間として連続して成長してきた存在」だという感覚を支えている、という。[※19]

記憶がなければ、「私」もない。そして、記憶とは「過去に流れた時間の集まり」のことだ。過去に流れた時間が、総体としての「私」をかたちづくっている。「私」が「私」であることを根拠づけている。

僕は世界は偶然に満ちているんだ、必然なものなどないんだと繰り返してきた。それなのに、現実には、世界は無限の可能性の中から瞬間瞬間でたったひとつの結果として確定し、過去となり、積もっていく。不思議でしかたがない。手を離した風船は10秒後どこにいるかまったくわからないのに、どこかには必ずいるのだ。当たり前のような顔をして。

過去だけは、もはや偶然やら不確実性やらという抽象的な言葉が届かないところにいる。なんといったって、それは実際に起きたのだから。

無限の可能性のなかから確定し、積もっていく過去。その「地層」としての自分。いくらでも「こうじゃない私」でありえたのに、なぜか他ならぬこの「私」が、今ここにいる。

僕は、うつになるまで過去ではなく未来ばかりをみてきた。まばゆい可能性の海としての未来。今ならはっきり言える。未来は祝福されすぎ、過去はおとしめられすぎている。

未来は文字どおり「未だ来ていないもの」という意味でしかない。プラスの意味もマイナスの意味もない。でも、未来と言っておけば、それはなんとなく祝福されるべきもののように感じられてしまう。小学生の頃の僕に「君がこれから生きる30年は将来『失われた30年』と呼ばれるよ」と伝えたら、さぞガッカリするであろう。

逆に過去はおとしめられすぎている。おとしめていたのは、かつての自分だ。僕は、20代前半までそもそも「過去を振り返る」行為そのものがダサいと思っていた。写真もほぼ撮らなかったし、日記も書かなかった。そんな自分をどこか誇ってすらいた。変えようのない過去にこだわらず、未来に目を向け続けるのがカッコいいのだと思っていた。いかにもビジネスパーソン的な発想だ。

居酒屋で思い出話にひたる年上グループと隣り合うと「昔のことしか語れないしょぼいオッサンにはなりたくないなー」と心の中で毒づいていた。生産性の規範をパーフェクトに内面化していた僕は、何かを「思い出す時間」を「何も生まない時間」とみなしていた。

けれど、それは大きな間違いだった。記憶は、ときどき思い出さないと風化していく。それはつまり、「私」を「私」として保ってくれているものが消えていってしまうのと等しい。思い出話は何度したっていいものなのだ。記憶は思い出すたびに強固になっていく。

身の丈以上の肩書をもらって「前のめり」に走ってきた僕は、つんのめって大ゴケした。それからというもの、過去を振り返ることが増えた。道を戻り、放置され風化しかけている記憶を、小石のようにひとつずつ拾っていく。他人にとってはガラクタでも、それは「私」のカケラなのだ。

# 私は誰かの中にいる

こう考えてみてほしい。あなたも、僕も、みんな1台ずつ自分のチェキを持っている。そして一日一回だけ、そのチェキのシャッターを誰か、あるいは何かに向けて押す。友だちでもいい。花でもいい。ゴミ箱でも電柱でもなんでもいい。

するとなめらかな機械音とともに、あなたの手元に真っ白な長方形の厚紙がストンと落ちてくる。しばらくすると、その日あなたが意識を向けたものが浮かび上がってくる。あなたはそのチェキを、大きな大きなアルバムに入れていく。30歳にもなれば1万枚を超えるその「巨大なアルバム」。そのアルバムこそが、記憶こそが、あなたという存在そのものだ。

あなたもまた誰かのアルバムに入っている。あなたにシャッターを向けていたのは、思いもよらぬ人だったりする。あなたもまた誰かの記憶となり、その人を構成する一部となる。記憶されるということは、誰かの一部となるということだ。

私が私を所有しているという考えから、苦しみは始まる。「コックピットに座っているのがもし自分じゃなかったら」と恐怖が募《つの》る。けれどあなたは、あなただけが所有しているんじゃない。あなたは誰かに、記憶されるという形でいわば「分有」されてしまっている。

「あなたは一人ではない」

そんなメッセージが素直に届けばどんなにいいだろうか。でも、凍てつくような孤独の中にいる人にそのメッセージは届かないと僕は知っている。だからこう考えてみるのはどうだろう。

「あなたという存在は、すでに誰かの中にいる。あなたにとって大切な誰かが、すでにあなたの中にいるように」

1 意識とは何かについては、脳科学者のあいだでもまだコンセンサスと呼べるような見解はない。だが、アメリカの神経科学者アントニオ・ダマシオは『LOOKING FOR SPINOZA』（邦訳『感じる脳――情動と感情の脳科学 よみがえるスピノザ』、ダイヤモンド社）でまさにスピノザの思想を現代の神経科学との類似性について指摘した

2 脳が起きている間に使うエネルギーは電力に換算するとわずか20ワットで、薄暗い電球と同じくらいだそうだ。そんなわずかなエネルギーでこれだけ複雑な情報処理をしているのは、脅威的ですらある。世界を認識する際にある程度単純化して捉えてしまうのは、その「省エネ」っぷりを考えるとやむをえないと思える

3 中島岳志『思いがけず利他』P62

4 『「おのずから」と「みずから」』の著者、竹内も「おのずから」の感性を一面的に礼賛することに対して極めて慎重だった。おのずからの感性は悪い形で表出すると「おのずからそうなったのであって私の責任ではない」という無責任体質となりうる。美化はできないという点で、著者も竹内と同様の立場をとる

5 人は過去を、「現在を説明する」という目的を持って振り返る。著者はこのものの見方を歴史家のE・H・カーに学んだ。『歴史とは何か』P157-158

6 『新しい自然学』P19

7 『単純な脳、複雑な「私」』は『進化しすぎた脳――中高生と語る「大脳生理学」の最前線』、『夢を叶えるために脳はある「私という現象」、高校生と脳を語り尽くす』と並ぶ三部作となっている。人間の不思議さが詰まった素晴らしいシリーズだ。とても読みやすいこともあり、少しでも脳に、そして人間に興味を持った読者はぜひ一読を勧めたい

8 『単純な脳、複雑な「私」』P272~274

9 同P157~158を一部改変

10 同、P157~158

11 「常識の範囲内にズレがおさまっているから気が付かないだけ」というのは、コミュニケーションにも当てはまるのではないか。わかりあえなさが「比較的常識の範囲内に収まっている」から「わかりあえた」という錯覚を起こし、それが一定程度大きくなると「わかりあえなかった」という感覚が生まれる。「わかりあえる」はいつだって錯覚だ。ただ、それは単なるニヒリズムじゃない。ズレがあってもなおコミュニケーションが成立するということ自体が希望であり、それは僕たちを永遠にコミュニケーションの中に位置付ける役割を果たす（わかりあえたら、その瞬間会話は終わる）

12 同、P160

13 同、P156

14 ちなみに、池谷は、三部作の最後にあたる『夢を叶えるために脳はある』で、いかに脳が「物語好き」かをパレイドリアという現象をもとに説明している。「ランダムなものを、ランダムと認めない」「本来

そこにないはずの意味を、なぜか見出してしまう」。ここでは詳しく説明しないが、興味がある人は同書P203～205をぜひ読んでみてほしい

15 「公正世界仮説」は「公正世界誤謬」とも呼ぶ。僕にはそっちのほうがしっくりくる

16 Lipkus, I. M., Dalbert, C., & Siegler, I. C.（1996）. The Importance of Distinguishing the Belief in a Just World for Self Versus for Others: Implications for Pfsychological Well-Being. Personality and Social Psychology Bulletin, 22(7), 666-677.
Ritter, C., Benson, D. E., & Snyder, C.（1990）. Belief in a just world and depression. Sociological Perspective, 25, 235-252.

17 https://pubmed.ncbi.nlm.nih.gov/34435164/#full-view-affiliation-1

18 ではなぜ記憶は残るのか。実は、細胞の入れ替わりが例外的に起こらないのが、脳（や腸）にあり、記憶を残す役割を果たす神経細胞だ。記憶というのは、神経細胞（ニューロン）間のネットワークとして保存されると考えられている。思い出すたびにネットワークは強固になり、逆に思い出さなければネットワークは弱くなっていく

19 『単純な脳、複雑な「私」』P101

第7章

# 弱いままにどう生きるか

ここまで、僕なりの世界の見方を示してきた。「こう考えるのも、ありじゃない?」と。

とはいえ、だ。いくら世界の見方が変わっても、現実そのものまで変わるわけじゃない。明日も僕たちは弱さを抱えたまま生きていかないといけない。

そこで、弱いまま生きていくための処方箋《しょほうせん》を、できるかぎり具体的に考えた。過去の自分のように強さを求められる世界で悩んでいる人がいたら、あるいは今まさに弱っている人がいたら、どんな声をかけられるだろうか。どんな声なら届くだろうか。

## 休むのではなく「別の行為をする」

現代人は「分配された時間」をどれだけ効率的に使えるか、という強迫観念に追われて生きている。分配された時間を生きるかぎり、「ボーっと」や「ダラダラ」は、時間の使い方のミスだ。そして、「ダラダラ」を避けて生きる活動的な人ほど、どこかで心身を壊してしまいやすい。

ただし、意識的に「何もしない」でいることは本当に難しい。それは何も加速する現代にかぎったことじゃない。パスカルという哲学者は、1670年に刊行した『パンセ』にこう書いた。

〝人間の不幸はすべてただ一つのこと、すなわち、部屋の中に静かにとどまっていられないことに由来する〟

（パスカル『パンセ』P103より）

休むことは何より大事だ。だけど、自分が活動的だという自覚がある人はまず、無理に「休もう」とするのをあきらめて、目の前の「有意義」な行為を別の行為に切り替えよう。

知っておいたほうがいいこととして、もし眠れるのならそれが最善の「行為」だ。眠っている状態のとき、脳は起きているときと他の部位を活性化させ、記憶の整理をしたり、夢などのかたちで情報を再生したりシミュレーションしたりと、忙《せわ》しなく行為している。(※1)

つまり「眠っている時間は何もしていない、できていない」という考え方は間違っている。眠っているときも、起きているときも、脳はそれぞれ必要な行為をしている。ただ働く部位が違うだけだ。それを知っておくだけでも、少し気は楽になる。

## 「詩人の目」で見る

ただ、パンセの言うとおり、人間はなかなかじっとしてばかりもいられない。

その前提で僕が勧めるのは、生活を「詩人の目で見る」ことだ。僕たちは、本当の意味で「何もしない」なんてできない。耳は勝手に聞くし、目は何かしらを見る。少し休むか、と思ってもついスマホをスクロールしてしまうのが現代人の性だろう。

だから、どうせ何かを見聞きしてしまうなら、何に意識を向けるかを自分で選ぼう。そして、それを「詩人の目で見る」のだ。

移住前、僕はよく東京の公園を散歩した。樹の肌を触ってみた。土の上を虫が歩くのを眺めていた。空の雲のかたちが変わっていくのを見ていた。風の音がどんな音か、真剣に聴こうとしてみた。それらを、詩にするかのように。実際には、しない。恥ずかしいし。

でも、詩にする「かのように」見る。なんとなくじゃなく、何かを感じ取ろうと、足を止めてとことん観ようとするのだ。すると、ちゃんとそれらに意識を向けていられた。

詩じゃなくてもいい。絵を描くつもりで、写真を撮るつもりで、曲にするつもりで、それぞれが得意な方法で、目の前の何かをまじまじと見つめてみるといい。あたかもこの後、何かの作品をつくる「かのように」。気持ちだけでいいから、なりきることが大切だ。

対象は自然にかぎらない。ブランコでもいい。天井のシミだっていい。部屋の外に出られなければ、窓越しのごくありふれた景色でかまわない。

詩人の穂村弘はこう語る。

〝短歌においては、非常に図式化していえば、社会的に価値のあるもの、正しいもの、値段のつくもの、名前のあるもの、強いもの、大きいもの。これが全部、NGになる。社会的に価値のないもの、換金できないもの、名前のないもの、しょうもないもの、へんなもの、弱いもののほうがいい〟

（穂村弘『はじめての短歌』P42－43より）

絶景でもなければ美術品でもない、なんの変哲もない「弱いもの」たち。それらが人を詩人に、アーティストにする。

「じっとできない」のやり過ごし方としては、他にも「過去を思い出してみる」のもおすすめだ。分厚い束となったチェキのアルバムから「あのころ、どんなことがあったっけか」と1枚取り出してまた戻すだけでも、記憶の風化は防がれる。

まず、人や、場所などを足がかりに「あの人とどんなことがあったっけな」「あのとき誰が何言ってたっけな」と探っていく。穂村の言うように、「しょうもないもの」ほどいい。わざわざ人に語るほどでもない記憶。もう一度その人と会っても、わざわざするほどでもない話。

そういうことを探り探り思い出している時間は、ずっと「前のめり」に走り続けてきた僕にとって、なかなかいい時間だった。その人との間でなければありえなかった、その瞬間にしかありえなかった、平凡な記憶。

「詩人の目で見る」のも、記憶を思い返すのも、自分の時間感覚を減速させてくれる行為だ。時間感覚が減速すれば、焦りは減る。

ここで少しだけ、時間感覚と都市の関係性についても触れておきたい。

東京は、僕にとって「未来からの逆算」の街だ。加速する街だ。多くの人が未来を語っている街だ。一方、長野に引っ越してから、少なくとも僕自身の心の加速はゆるやかになった。焦りは減った。1万年前以上同じ姿をしている山々を見ていると、時間感覚は自然と「未来からの逆算」から「現在起点の順算」へと戻っていく。

都市はほとんどのものが、目的に対する手段としてつくられている。公園だって、「余白を残す」という目的のための手段だ。一方、都市部以外には人間が設定した目的を持たず、ただそこにあるものが比較的多く残っている。詩人の心になりきってそれらをじっと見ていると、自分に向けていた「俺は役に立つ人間か？」という声は、だんだん小さくなっていった。また、去年と同じ春がくる。ここでは、「いつまでも同じままでいてはいけない」という声はあまり響かない。

都市から距離をとるのは、時間感覚を減速させるいちばんシンプルでベーシックな方法だ。だからこそ、人はときおり旅に出たくなるのだろう。

## むき出しのネガティブを他人にどう伝えるか

うつ状態を経験して以来、ずっと違和感を覚えてきたことがある。僕たちは「ポジティブ」という言葉にポジティブすぎ、「ネガティブ」という言葉にネガティブすぎはしないか？　つまり「ポジティブなのはいいこと」で「ネガティブなのは悪いこと」と決めつけてはいないだろうか？

ポジティブシンキングが得意な人は、どんなマイナスをも最後にはプラスに転換しようとする。「だからこそ、今がある」と。けれど、こころが折れるのは、ポジティブな人がどうしてもポジティブな物語を続けられなくなる、その瞬間だ。

「あーあ、なんにもいいことねえなあ、最悪だ」

ただひと言、ポツンと弱音を吐ければいいのに。

まず、大前提としてネガティブな感情をポジティブな感情よりおとしめていい理由は何もない。喜びや楽しみのほうが悲しみや怒りより価値があるとは、誰にも言わせない。本当におとしめられるべきは、人生を「ポジティブをたくさんゲットし、ネガティブをできるだけ減らして、総合得点を最大化するゲーム」のように捉える、「経済的」すぎる人生観のほうだ。

そりゃあ、ネガティブな感情は嫌だ。でも、本当に人を苦しめるのは、ネガティブな感情そのものじゃない。「ネガティブな感情が自分の中に存在することを自分で許せないこと」こそが人を真に苦しめる。

「周りだってがんばっているんだから、これくらいで苦しいなんて甘え」

そんなふうに、少なくない数の人が「こんなことを思っちゃう自分がダメなんだ」と自分を責めている。ひとつのことに二度傷ついている。一度目はしかたない。でも、二度目の傷つきはいらない。

ポジティブであることも、現代社会が人に求める強さのひとつだ。ポジティブにふるまうことに慣れすぎた僕たちは、ネガティブな感情との付き合い方を忘れてしまっている。とくに、職場においてそれは顕著だ。

職場でのネガティブな感情にどう「置き場」をつくるか。その感情を引き起こした相手に伝えるのか。伝えるなら、どう伝えるのか。とても生々しい問題だ。

まず、いかにそこが職場というパブリックな場であれ、堂々とネガティブな感情を表現してもいい、という大前提を確認するところから始めよう。ポジティブ100％でできているわけではない人間が集まって働くのだから、ネガティブな感情は自然と生まれる。

ネガティブな感情は、ビジネスという課題解決ゲームには役立たないかもしれない。けれど、僕たちの「生きる」を構成する大事な要素だ。悲しみも怒りもない人生は、味がしない。

だけど、組織はよく「ネガティブな感情を処理できるか」をその人の理性や自制心の試験にしてしまう。「感情的なんだよね」という言葉がその人の評価を下げてしまうようなポジティブな（言葉しか吐けない）組織は、人のこころをますます蝕《むしば》む。

さて、ネガティブな感情を相手に伝えると決めた場合、どうするか。まず、むき出しのまま表現するのは避けたほうがいい。相手が受け取りやすい形に整えたうえで伝えるのが大人のお作法だ……というのが、一般論としては正解だろう。

ただ、現実には、むき出しでしか伝わらない切実さもある。人間関係に絶対の正解はないが、「むき出しで伝える」か「なかったことにする」の二択なら、意図的に前者を選んだっていい。「なかったことにする」を繰り返すと、いつしか自分の感情を自分で感じられなくなる。経験則だが、悲しみや怒りを感じる経路を遮断するとき、人は喜びや楽しみも同様に感じられなくなってしまう。そしてそれは、うつへの第一歩でもある。

仮に、まだ自分のなかにむき出しの感情を整えるほどの余裕が残っていたら、まずこのように始めてみよう。

「仕事そのものではなく、感情について話をしたいのですが、してもいいですか？　感情をきちんと完了させないと、今後の仕事にも影響が出てしまいそうなので……」

感情について話すことを、共通項である「仕事」を通じて合意することから始めるのだ。

## 「戸惑っていること」をそのまま伝える

「仕事のためにこそ、あえて仕事と直接関係ない感情について話す」という前提について合意し、いざ、相手に直接伝える機会を持てたとしよう。ただ、それは相当な修羅場になるはずだ。伝えるこちらもつらいし、こころから血が滲《にじ》み出る。ほとんどパニックになり、ただ涙があふれて何も言葉が出ないことだって珍しくない。

「どうしても言えない」と思うなら、無理はしないでほしい。「直接言えない自分」を課題として捉えて「解決」しようとすると、すでに追い込まれているのにますます追い込まれる。自分で自分を責めてしまい、先ほどの「二度目の傷つき」が生まれる。

だから直接的に言えないときは、まず誰かに愚痴ろう。プライベートで、パートナーに、友人に、同僚に。ちょうどいい相手が見つからなければ、絶対に誰にも見せない「愚痴ノート」をつくり、本音を書き殴るのもいい。かたちとして残ることに抵抗があるなら、まずは独り言として吐き出してみよう。音となり、数秒後には消えていく。とにかく重要なのは、愚痴こそが、ネガティブな感情の吐露こそが人間を救うということだ。「愚痴を言う人間がいちばんダサい」と座右の銘かのごとく言いまくっていた20代の自分よ。聞いてるか。

前出の『聞く技術　聞いてもらう技術』のなかで東畑開人は、「悪口、愚痴、嫌だったこと」こそが「真に人間的な言葉」だと書いた[※2]。なぜなら、それは「賢い頭」ではなく「戸惑う心」

から出た言葉だからと。

僕はこの「賢い頭」と「戸惑う心」という言葉を、今でもとても大事にしている。素直に戸惑うという姿勢が、この時代に生きる難しさへの向き合い方として、とてもしっくりくるからだ。

会話においても「戸惑う心」は重要だ。ネガティブな感情から出た言葉は、人を「賢い頭」から「戸惑う心」のモードに引き寄せる。「なんだかうまく言えないんですけど、悔しかったんです」とか、どんな言葉でもいい、戸惑っているという事実そのものをまずは言葉にしてみる。すると、「戸惑う心」には相手も「戸惑う心」で応じてくれる。

逆に、「賢い頭」で整理して話すと相手にも「賢い頭」で応じさせてしまう。自分の戸惑いをそのままポンと置き、相手を戸惑わせてみる。お互いに戸惑いの中に身を置く。そこからしか生まれない会話が、きっとある。

## 「仕事以外の依存先」を増やしておく

僕は、市場経済を人類の素晴らしい発明品だと捉えている。けれど、全肯定しているわけじゃない。なかでもよくないと思っているのが「市場価値」が、シンプルに言えば「仕事ができるか」「稼げるか」こそが自分そのものの価値だと勘違いする人を大量に生んでしまう点だ。

僕は第2章で、「市場的なこの社会で生きていくためには、原則としてお金を稼げる必要がある」という残酷な事実をいったん認めようと提案した。ただ、その次に提案したいのが「『お金を稼げる人間である』ことが過大評価されているので、適正な範囲にまで切り下げよう」ということだ。

市場価値は市場価値にすぎない。「市場価値を高める」は市場経済というゲームの中では必要な行為だけど、それは、あえて無思考的にこなすべきものじゃないか。大学というゲームに参加しながら「単位をとり卒論を出さなきゃいけないなんておかしいじゃないか」と言う人はいない。それと同じだ。大学と違い、僕たちは「市場というゲームに入れてくれ」と頼んだわけじゃないが、気づけばプレイヤーになってしまっている。そして、これも第2章に書いたとおり、そこから抜け出すのは簡単じゃない。

だから、ゲームはゲームとしてプレイしつつ、「市場価値と、自分そのものの価値とはまったく関係がない」というシンプルな事実を握りしめていればいい。

ただ、まだ先がある。市場価値と自分の価値を切り離して考える。言葉にするとそれだけのことが、とてつもなく難しいのだ。ときに「仕事ができない、貢献できていない」という実感は「ここに自分の居場所はない」「自分には存在価値がないのだ」とまで人を追い込んでしまう。

提案の方向性は2つある。

まず、「自分そのものの価値と市場価値はまったく関係ない。だから切り離せ！」と力強く言い切ること。でも、僕は弱くなって、この種のアドバイスに懐疑的になった。シンプルな理屈を力強く断言する人は、「わかっていてもできない」タイプの人のことをあまりにわかっていない。「わかっていてもできない」を無視して力強く断言するだけのアドバイスを僕は「理屈マッチョ」と呼び、警戒している。実際には頭でわかっていても、できないことはある。というかほとんどのことは、頭でわかっていてもできない。

たとえば、ビジネスにおける議論の鉄則に「意見と人格は別物」というものがある。「意見」を否定されても「人格」まで否定されたわけじゃない。だから、切り離してストレートに議論を交わせ、というわけだ。パチンコ玉のごとく「私は私」と強くいられる人にとってはそれでもいいかもしれない。けれど、外との関係性によって自分が定まるウツワ的な人は、そして感情的衝突を回避する日本の文化と教育システムのなかで育ってきた人のほとんどは、「ストレートな議論」と「感情の切り離し」こそを苦手とする。だから、「人間は市場価値と自分そのものの価値を、切り離すべきだと知りつつも切り離せない存在だ」と、まず受け入れてみる。すると、もうひとつの方向性が見えてくる。自分の価値のうち、市場価値への依存度をどこまで薄めていくか。言い換えれば、自分の構成要素をどれだけ多元化できるか。

たとえば、仕事とまったく関係のないものたち。友人やパートナー。同じ町に生きる人同士のつながり。あるいは遠くにいながらあなたを照らす「推し」、コレクションなどのモノや趣味。なんでもいい。自分を構成している要素を、人・モノ・関係性など広い視野で捉え直してみる。「仕事」が自分から消え去っても生きていけるように、依存先を増やしておく。(※3)

ただし、注意点がある。お金、能力、肩書き、美しさ、若さなど、「誰でもわかる」普遍的基準には依存しないほうがいい。なぜかというと、「誰でもわかる」普遍の基準で測るかぎり(「仕事ができるかどうか」もその1つだ)、必ず自分より上の人が現れるからだ。満たされることは難しく、満たされ続けることは不可能に近い。

普遍の軸で争うかぎり、競争は永遠に終わらない。人は必ず老いる。必ず若い人に抜かれる。「誰でもわかるすごさ」であなたに注目してくれていた人は、もっとすごい人が現れれば、なんの躊躇《ちゅうちょ》もなく去っていく。

だから、「誰でもわかる」じゃなく、「あなたにしかわからない」を育てよう。自分は喜びを感じるけど他人には伝わりづらい「偏愛」。あるいは、他の人にとってはただの人なのだけど、あなたにとっては大事な友だちとの記憶や関係性。

それらはまったく普遍的じゃない。どこまでも固有で、その価値が「あなたにしかわからない」。だから、他の人との比較がそもそもできない。つい人と比べてしまう社会的動物であるヒトにとって、「比べられないこと」はそれだけですでに尊い。

とはいえ、SNSのフォロワーしかり、仕事での肩書きや知名度しかり、「誰でもわかる」普遍的価値への誘惑は強い。[※4]

だから、「他人と自分を比べるな」と断ずる「理屈マッチョ」になることを丁寧に避け、「わかっていても比べてしまう」という弱さの側に僕は立ちたい。「わかっていてもできない」自分を認められれば、「なんで私はこうなんだ」という二度目の傷つきは少しずつ減っていく。

人は、他人と自分を比べてしまう。その基準がわかりやすければわかりやすいほど。だから、その代表格である「市場価値」と「自分の価値」を結びつけてしまう。

その事実を認めるところから始めて、少しずつ、「あなたにしかわからない」固有の価値に気付く練習をしよう。そして「他の人にはなんでもなくても私にとっては宝物」と言えるものを、ジワジワと増やしていけるといい。それは、「誰でもわかる」の華やかで熾烈な競争の世界から抜け出す、地味すぎる幸福論なのだ。

## あえて「しがらみ」に飛びこむ

僕たちは、「選べるは正義」を掲げる社会のなかで、地縁や血縁などの「しがらみ」、つまり「選ぶ」を阻害するものを少しずつ消し去ってきた。ただ、しがらみがなくなると、今度は「自己選択と自己責任」のセットがもれなくついてくる。しがらみも疲れるが、選べすぎるのもまた疲れる。だから僕たちは、しがらみを少しずつ意図的に取り戻していかなくちゃいけない。

僕は20代を東京で過ごした後、家族で移住した。少しずつ地域の付き合いも増え、しがらみも生まれだした。でも、少し後付けではあるけれど、「選べるは正義」の世の中だからこそ、逆にしがらみに飛び込むほうが今はおもしろいんじゃないか、という直感が働いたのもたしかだ。

移住だけじゃない。家を買うこともそう。結婚することもそう。子どもが生まれることもそう。(※5)どれも「そんなしがらみをつくることに意味はない」と考える人も多い。僕もかつて「いつでもどこにでも行けるように一生賃貸のほうがいい。結婚なんて不要な束縛だし、子どもは自分の自由を制限するものだ」と考えていた時期があった。

実際に結婚し子どもに恵まれ、たしかに人生にしがらみは増えた。僕はいま、よきパートナーである努力も、親である努力もしなければならない。それらは、別にしなくてもよかったものだ。でも、やってみたら案外悪くなかった。世の中には事前にそのおもしろみが想像できないいことがたくさんある。

しがらみを引き受けることは、事前にリターンが予測できない分岐へと入っていくことでもある。それは、生産性の価値観が内面化されすぎたとき、その偏りを、いい意味でゆさぶってくれる。

都市はしがらみから解放された可能性の海だ。働く場所の選択肢も、数えきれないほどある。ただ、誰しも歳を重ねるごとに、いろんな意味で可能性は狭まっていく。

けれど、やっかいなことに、都市には「いつからでも、なんだってできる。なんにだってなれる」と、人の可能性を祝福するキャッチコピーが、広告などのかたちであふれかえっている。だから、可能性は自分からあえて狭めていかねばならない。「ありえる私」につながるドアをひとつずつ閉じていく。しがらみをつくるとは、そういうことだ。

自分次第でなんだってできる、誰にだってなれる。その可能性の海をたゆたっているうちは、根を張ることはできない。自分からしがらみをつくり、ゆるやかに関係性の根を張る。そこに、この流動的な社会を安心して生きるヒントがある。

## 大人になってから友だちをつくるシンプルな方法

「しがらみ」と「つながり」。この2つはまるで葉の裏と表のようで、どちらか一方だけを切り捨てることはできない。他人という「しがらみ」がなければ、どれだけ人生は楽なのだろう。そして他人との「つながり」がなければ、どれだけ人生は味気ないだろう。

地縁・血縁などの「重いしがらみ」がどんどん失われていく時代に、「友だちという軽いつながり」をどうつくるかは、とても重要なテーマだ。

身体も心も元気なとき、話そうと思えばいつだって話せるとき、友だちのありがたみに想いを馳《は》せるのは難しい。僕は、うつで本当に弱りきり、誰とも話せなくなって、いままでとはまったく次元の違う孤独を感じた。そしてどん底状態から少し回復の兆しが見えた頃、僕は友だちに、こんなメッセージを送り始めた。

「今、ようやくうつの底を抜けたところ。少し話せない？」

1日1人だけ、友だちと話すことにしたのだ。限られた体力のすべてを使ってでも、話したかった。ある日、友だちの1人がぽろっとこぼした言葉が忘れられない。

「私はおしゃべりが上手じゃないし、晴れの日の友人にはなれないかもしれない。でも、雨の日の友人にならなれる気がするんです」

本当に友だちが必要になるのは、「生きる」に雨が降った日だ。そして、雨の日の準備は、晴れの日のうちにしておかないといけない。それから僕は「大人になってからどう友だちをつくるか」について、真剣に考えるようになった。


そもそも友だちってなんなのか。僕の定義は、「安心して無駄話ができる存在」だ。仲のいい人ほど、中身のない会話が多くなる。逆に何か情報として価値のある話をしようとしているうちは、まだパブリックな関係性のなかにいる。

僕たちはパブリックには、社会に求められる「ちゃんとした自分」を演じている。だからこそ、愚痴、モヤモヤ、悩み事など、「戸惑う心」を安心して見せられるプライベートな隠れ家が必要となる。友だちは、複雑な悩みを抱える大人になってからのほうが重要だ。それなのに、大人になってから出会う人は利害関係がありすぎる。その結果、日々たくさんの人と話していながら、「大人になってからできた友だち」がほとんどいなかったりする。

友だちづくりは、流動性が高まる社会の激流のなかで、いろんな人にロープを投げかけ、ゆるやかに自分をつなぎとめていく行為だ。

社会人以前の親友といつしか疎遠になってしまうように、お互いが流れの中で変化して、ロープは外れてしまうこともある。かと思えば、予想以上に長くつながったままの関係も、引っかかったり外れたりを繰り返す関係もある。けれどこの「ゆるやかなつながり」こそが大切なのだ。家族ほど重すぎず同僚ほど軽すぎない、あいだの関係が、流れの速い社会を生きるための命綱になる。

では、僕自身は、友だちをつくる際にどうしているか。とてもシンプルだけど、友だちになりたい人に「友だちになってください」と伝えている。それだけだ。

「好意を寄せているのは自分だけなんじゃないか」「相手は自分のことを顔見知りとしか思っていないんじゃないか」などの不安が頭をよぎらないわけじゃない。勇気だって必要だ。それでも、伝える。もし何も伝えなければ、お互いに人生の激流を下っていくうちに、気づけば遠く離れていくだろう。死ぬまで二度と会わないかもしれない。だから、まずこちらから言ってみる。

「ほら、大人になったら『気が合うかもな』と思っても、なかなか伝える機会がないでしょ？　だから僕は『友だちになりたいです』とこちらの気持ちだけは伝えるようにしてるんです。返事もいらないし、昨日までと変わらない。以前自分が言ってもらって嬉しかったから、僕も意思表示だけはしておくようにしてるんです」

僕はだいたい、そんなことを言っている。気をつけているのは意図もセットで伝えること。簡単に「友だちになりたい」とだけ言うと、聞いたほうも「なぜわざわざふつうなら言わないようなことを言ってくるのか」「友だちとは何らかの制約を伴うのか」と不安になり、安心して聞くことができない。相手の困惑をできるかぎり少なくするのが、大人の友だちづくりの礼儀だ。

あまり大げさに考えないでいい。離れるときは、どうせ離れる。それが友だちのいいところでもあり、さみしいところでもある。でも、そのたったひと言を言うか言わないかが、一生を変えることだってありうるのだ。

「友達になりたいなんて、そんなことが言えるのはコミュ力がある人だけだ。簡単にそんなことを言えるような人には、僕の気持ちはわからない」

過去の自分が、そう言ってくる気がする。でも、いわゆる「コミュ力」を失った今のほうが、僕は気楽に「友だちになろうよ」と言える。コミュ力を失ったどころではない。いまの自分は人と目を合わせることも、長く話すこともできないのだ。

「コミュニケーション上手なら友だちができて、そうじゃないならできない。あなたの人生をしんどくしてるのは、その『コミュ力』ありきの考え方だよ」

「……」

あなたの周りにいる友だちはどんな人だろう。誰からも立派と褒められるような人だろうか。素晴らしくバランスのとれた人だろうか。そうとはかぎらないはずだ。

欠損と過剰にこそ人の魅力は宿る。もちろん、パブリックには立派な人かもしれない。でも、あなたの前では他の人に見せない一面を見せる。いや、見せようとしなくても、引き出されてしまう。友だちとは、欠損と過剰を隠さなくていい関係性のことでもある。

「きみが欠損と過剰を隠そうとしているうちは、きっと相手も自分の欠損と過剰を見せようとしてくれないよ」

# 友だちづくりに「コミュ力」はいらない

「それでも、まだ怖い」

当然だ。僕も怖い。だから、ささやかながら助言を2つ。

まず「弱いと相手に感じてもらうこと」だ。大人の友だち一歩手前の状態というのは、まだ欠損や過剰があらわになるほどには関係性が深まっていない、半分パブリックな状態だ。だからまず、悩み事、愚痴、モヤモヤなど、他の人の前では言いづらい「戸惑う心」を、あなたが1つだけ話してみる。すると、関係性がパブリックからプライベートへと半歩だけ移る。

次に「言葉ではなく行動で伝えてみること」。「友だちになってください」と言葉で伝えるのは、どこまでいっても勇気がいる。だから、言いたくない人は言わなくてもいい。

たとえば、お返しのプレッシャーにならないくらいのちょっとした手土産やプレゼントを「たまたま好きそうなのを見つけたから」と渡してみる。それでも重たいんじゃないか、という不安が拭えなければ、その人が好きそうなこと、たとえばお店やイベントについての情報を共有するだけでもいい。

ただ、僕がいま言った2つのアドバイスは、そんなに上手じゃないだろう。でも、いちばん大事なのは、むしろヘタクソなまま臨むことなのだ。「上手にやろう」という意識そのものが、関係性をパブリックなままにとどめてしまう。

ヘタクソなほうが、むしろ「ああ、よくわからないけど、この人は勇気を出して私に好意を伝えてくれているのだな」ということがよく伝わる。うまく言えないこと自体がメッセージになる。

友だちをつくるのに、「コミュ力」はいらない。「コミュ力」は、不特定多数の人と話す場で求められるものだ。逆にそういう普遍的な「コミュ力」を無効化してくれる存在こそが友だちなのだから。

必要な友だちの数は人それぞれ違う。少ないからダメ、ではまったくない。ただ僕から言えるのは、友だちが切実に必要になるのは人生がうまくいっていないときだということ、そしてそういうときほど、いくら仲がよくても少数の友だちに頼り続けるのは難しいということだ。大事な人だからこそ、相手の負担が気になってしまう。

だから、つながりが強めの友だちをほんの数人、中くらい〜弱めの友だちをもう少し多く、と依存先を分散させておくのがいい。そして、必要な友だちの数は、元気なときに思うよりちょっとだけ多めに見積もっておくのがいい。

僕はうつのどん底で、自分がみじめだと泣いた。でも、その絶望の時期を支えてくれていたのは、「あの人たちはきっといまの自分をみじめだとは言わないな」と感じさせてくれた友だちの顔だった。

彼らと僕は「誰でもわかる」ような仕事での実績などじゃなく、「自分にしかわからない」欠損と過剰でつながっている。彼らは、僕が編集長になったからといって僕の評価を上げない。だから、働けなくなったからと言って評価を下げもしない。僕の「過剰なマジメさ」と、「マヌケさという欠損」をきっと笑ってくれるだろう。

回復期、チェキのアルバムに入った彼らとのなんでもない記憶を、僕は散歩しながら思い返していた。

## あらゆる存在と「関係性のセーフティネット」を張る

生産性を追求する以上、ビジネスの世界ではこれからも「分配される時間」が流れ続けるだろう。効率的な時間の使い方が追求され続けるだろう。しかも、生産性の論理を内面化して生きる僕たちは、プライベートでもつい「有意義な時間を」と焦ってしまう。なんとか、この流れから適切な距離はとれないものか。

うつのときに湯治先で出会った、内山の「生成される時間」(※6)論。内山は、時間は与えられるものではなくつくりだすものだという180度の視点の転換をとなえた。きっとここに決定的なヒントがある。

内山は関係性こそが時間を生み出すと考える。その対象は人だけじゃない。釣りをして川と関係を結ぶ。畑仕事をして畑と関係を結ぶ。村の人と話して一人ひとりと関係性を結ぶ。それらの関係性から時間が生まれるのだという。(※7)もし時間を生み出している手応えを得られれば、「分配される時間」を効率的に使おうという強迫観念は確実に薄まるはずだ。

でも、「時間を生み出す」っていったい、どうやって? 内山は「関係を結ぶことが大事だ」と言うが、僕はうつのどん底で誰とも話せず、まさに「関係を結べないこと」それ自体に苦しんでいた。何もできない自分に、どうせ時間なんて生み出せやしないんだ。僕はスネていた。

ところが体調が最悪のとき散歩して山を眺めていると、ふいにその瞬間はやってきた。

「あ、いま、山と話せてる気がする」

もちろん、山は何も言わない。でも、僕は勝手に山から何かを受け取っていた。どんどん無に近づく自分に最後まで「きれいだな」というこころの動きを与えてくれる山に、慰められていた。それは、傷ついた相手の隣にただ座っていることがコミュニケーションになることと少し似ていた。山がこの瞬間、僕と一緒にいてくれている。

それは、言葉を必要としない、というよりむしろ言葉を失ったから可能になった、いちばん素朴なコミュニケーションの原風景だった。ただ、一緒にいること。相手の存在を感じること。それだけでよかったのだ。僕は、コミュニケーションを言語と結びつけすぎていた。このとき僕ははじめて、山とのあいだに関係性が生まれた手応えを得たのだった。

ただ、それからしばらく時間が経ち少しずつ回復していくと、逆に僕は山と関係性を結べている感覚を失っていった。散歩中、山を見ていても、たいてい何か考え事をしていたからだ。けれど、体調がひどく悪く、何も考えられなくなった日だけは、僕は山、あるいは足元の雑草などのものたちと話すことができた。意識を向けることで、意識を向けたものとのあいだに生まれる関係性を感じ取れる。時間が生成されていく様子を感じ取れる。そんな実感を得た。

この章の最初に紹介した「詩人の目で見る」とはつまり、ふだんいろんなものに散乱している意識を、まるごと観察する対象に集めてみるためのものだ。自分をからっぽにして、そのものに意識を移す。何かを感じようとする。「詩人の目」で見ようとすると、弱り切っていないときでも、自分と周りにいるものたちとの関係性に敏感でいられた。

「自分」と「観察する対象」のあいだに関係性は結ばれる。関係性が結ばれれば、そこに時間は生成されていく。この「生成される時間」は、どこまでいっても感覚的なものだ。でも、そもそも時間は最初から感覚的なものだ。今が誰にとっても「12：00」だという時間観も、ただの取り決めでしかない。だったら僕は、「生成される時間」観を大事にして生きていく。

　自分と山。ガードレール。毎日通る店。歩く道路。もちろん、人も。自分を取り囲むものに意識を向けると、関係性の糸が張られる。世界に関係性の糸が、一本、また一本と増えていき、やがて網となる。糸が編み上げられるイメージを持つことで、僕はいろいろなものとのあいだに時間が生成されていく感覚をつかんでいった。それはまさに僕にとって「セーフティネット」だった。世界と自分を結ぶ関係性の糸一本一本が、未来に前のめりそうになる自分を現在につなぎとめてくれる。この感覚さえあれば、また「分配される時間」が流れる経済の世界に戻っても、きっともう大丈夫だ。

　よく考えてみれば、程度の差はあれ人間はウツワ的だ。つまり、外との関係性のなかでしか、関係性を結び続けながらしか生きられない。だから、時間はそれらの関係性のなかからおのずと生成されてしまうものとも言える。意識を向けると、ふだんは「分配される時間」の力強さに隠れて気づけない「生成される時間」に、敏感になれるというだけで。

ここまで書いて、なぜ自分が「生成される時間」という、伝わりづらくかつ感覚的な話にこだわっているのか、少しわかった。僕は、自転車に突っ伏して泣いていた自分に、そして今もときどき訪れる無能な自分にかける言葉を切実に探してきたのだ。

「どれだけ『自分には何もできない』と感じていても、実際に何もしていなくても、人はおのずから時間を生成している。大丈夫。無能でも、役に立たなくても、生きていていいんだ」と。

## 逃げられるうちに逃げる

障害をオープンにしてから、僕のもとには「私もうつだったんです」「僕も双極性障害で」と打ち明ける声が寄せられた。彼らに共通していたのは、責任感の強さだった。

目の前に、どうにも自分では対処しきれない、あるいは自分の価値観からすると耐えがたい現実がある。場所を変えたり、役割から降りたりしなければ、こころがもたない。けれど、そこには場があり、人がいる。つながりがあり、しがらみとなる。その結果、「周りに迷惑がかかる」とその場にとどまり、気づけば、逃げることすらできなくなるほどに消耗してしまう。

そのような責任感の強い人に「誰かがいなくなって仕事が回らなくなるようなら、それは会社側の責任なんだからさ」という正論をぶっても、「理屈マッチョ」になってしまうだろう。それで割り切れるならぜひ割り切ってほしいが、割り切れないのが人間だ。どうすれば、その責任感を少しでも軽くできるだろうか。


個人的なことだが、僕は、小学生、中学生の間ずっと「学校」というシステムを憎んでいた。先生は「生徒のためだ」といろいろなルールを押し付けてくる。それなのに、「なぜこのルールがあるの?」と聞いても答えてくれない。僕はその理不尽さを憎み、世界を恨んで生きてきた。これはマイナスのできごとだ。

しばらくして僕は編集者となった。そして世の中への「なんでこうなんだ?」という「恨み」を「怒り」へと変え、「こうなったらいいじゃん!」と提案するような気持ちで本をつくってきた。たまたまそれを評価してくれた人がいて、編集長となるチャンスに恵まれた。これはプラスだ。

ただ、そのチャンスを活かそうとがんばりすぎ、自分を追い込んで、最後には脳が壊れてしまった。これはマイナスだ。

けれど、僕がその苦しみのなかで考えたことを、こうして本にして世に届けることになった。これはプラスだ。

過去のできごとの意味は、事後的にくるくると反転し続ける。いまの「いいこと」が将来振り返ったときには「悪いこと」になりうるし、いま自分を悲しませているそのできごとが実は自分を救う転機だったと、いつか気づく日がくるかもしれない。できごとの意味は、永遠に確定しない。

同僚に、友人に、家族に、人は、なかなか無責任になれない。「迷惑をかけてはいけない」という規範から逃れられない。だからまず、「周りに迷惑がかかる」ことを、仮にそれが事実だとしても、いったん脇に置こう。

まず、「あなたが弱っているかどうか」だけに意識を集中し、確かめる。そして、もしあなたが弱り苦しんでいるのなら、逃げるのだ。

おそらくは他の人以上に、あなた自身が強く「まだ大丈夫」と言うだろう。けれど、限界が近づくと、人はもはやクリアにものを考えられなくなり、「逃げるべきか」の判断すらできなくなる。逃げられるうちに、逃げるのだ。

「いまの自分がそこまでひどい状態かどうかがわからない」のであれば、専門家の力を借りて、まず自分の状態を確かめてほしい。

具体的に想像してもらうために、話を仕事に絞ろう。

あなたにしかできない仕事がある。あるいは今あなたが抜けると、ほかの人の負担が一気に増える。社内外の人との約束をまだ果たせていない。自分から声をかけて巻き込んだ仲間がいる。逃げない理由、果たすべき責任は、いくらでも挙げられる。

もしあなたがここで逃げたなら、短期的にはきっと「悪いこと」も起きるだろう。だが、それがいつまでも「悪いこと」であり続けるかどうかはわからない。逆にあなたがこころをすり減らしてまで何かを守ることが「いいこと」なのかも、長期的にはわからない。(※8)

未来の「わからなさ」に託して、この瞬間を逃げるのだ。

まず生きのびること。いまあなたが「迷惑」と思う行為が事後的に「結果、よかった」に反転するかもしれないこの世界の「わからなさ」を握りしめること。

気休めじゃない。この世界の「わからなさ」だけは誰にも否定できないのだ。

周りの基準ではそう大変でなくとも、その人個人としては限界だ、ということはよくある。そのとき、多くの人は「平均値」のほうに自分を合わせてしまう。「他の人ならなんなくできることだ」「こんなことでストレスを感じる自分がダメなんだ」と。けれど、あなたという人間の固有の「生きる」において、平均値はなんの意味も持たない。

「言葉の暴力」という表現がある。物理的な痛さを伴わなくとも、言葉は人を傷つける。であれば、「こころの限界」という表現があってもいい。肉体的には不具合はない。ベッドから立ち上がれないほどのわかりやすい症状もない。でも、もはや感情の起伏は乏しくなり、うまく笑えない。いつもより眠れない。そんな状態なら、もう「こころの限界」の目安は超えている。

今あなたが背負う「迷惑をかけてしまった」という後ろめたさは、新しい居場所まで持っていけばいい。もしもう一度戻りたくなったら、「ごめんなさい」と言って戻ればいい。

弱っているなら、今、逃げること。逃げて体力が戻れば、人はもう一度歩き始めることができる。しかし弱いまま働き続けると、いつかその足は止まり、その場にへたり込んでしまう。そうなると、立ち上がるのには、数ヶ月、数年かかる。一生ものになることもある。早めに逃げるからこそ、早めに立ち上がることができる。

それで助かるのは、決してあなただけじゃない。

［相談先］

・【こころの健康相談統一ダイヤル】電話番号：0570-064-556
※精神的な健康や福祉の問題をサポートする公共機関

・【治療と仕事の両立支援ナビ】
https://chiryoutoshigoto.mhlw.go.jp/

・【全国の精神保健福祉センター一覧】
https://www.zmhwc.jp/centerlist.html

・【全国のいのちの電話】
https://www.inochinodenwa.org/lifeline.php

## 「よりよい明日」を目指さない

ここまでずっと、経済の論理を内面化した結果生まれる焦りをときほぐそうと言葉を綴ってきた。でも、その自分がなお、ここまで書いてまだ、その焦りを完全には消し去れない。いったいどうしたらいいんだろう？

最近、気づいたことがある。自分はきっと「よりよい明日」を追い続けてきたんじゃないか。いちばん根本的な間違いは、そこにあったんじゃないか。

ビジネス的な意味であれ、人間的な成熟の意味であれ、昨日より今日が、今日より明日がだんだんよくなっていくというシンプルな世界観。このシンプルで直線的な世界観を更新しないかぎり、この焦りは消えないんじゃないか。

人生を旅にたとえてみる。僕たちは地図にピンを立て、目的地を目指している。「未来からの逆算」で考えれば、最速最短のルートが望ましいわけだが、人生はそうじゃない。歩いていれば、寄り道も、休みもある。それでも、どこかにはたどりつく。たとえそこが、当初目指していた目的地とは違っても。

地球上のどの地点がどの地点より優れている、ということはない。あるのはただ、その土地ごとの景色だけだ。途中の景色や気分に応じて、なんの理由もなく行き先を変更できてこそ旅なのだ。あまりにも目的性が強くなりすぎると、旅は「移動」になってしまう。

現代は、直線的な世界観が人の心理に深く根付いている。進歩、成長、発展。たしかに、社会はどんどん発展していく。けれど、個人の人生まで発展的に進むとはかぎらない。

「未来からの逆算」により進路を直線的にコントロールできれば、もしかしたらより早く、より遠くまでいくことはできるのかもしれない。でも、それがいったいなんだというのだ?

文字どおり、僕たちは地球のどこかに産まれ落ち、地球のどこかでくたばるだけの存在だ。

「いい人生」もなければ「よくない人生」もない。だから、「よりよい明日」を目指さない。

さようなら、「よりよい明日」。生きていれば、とにもかくにもどこかへはたどりつく。いや、もうこの瞬間、すでに誰もがたどりついている。

1 『夢を叶えるために脳はある』P218

2 『聞く技術 聞いてもらう技術』P135

3 「自立とは依存先を増やすこと」とは医師であり科学者でもある熊谷晋一郎氏の言葉だ

4 社会的な評判が高まると、生きるために必要な食べ物や水など、生存に必要なものを得たときに反応する報酬系（なかでも線条体という中脳の部位）が反応することがわかっている。社会的評判は、「社会的動物」である人間にとって生きるために必須の物質と同じほどに重要なのだ。だから、気にしてしまうのは当然だ。脳が反応してしまうことは止められない。少なくとも、評判を気にしてしまう自分を責める必要はない

5 結婚、子ども、移住。この時代において、それらについて考えられること自体、相当に恵まれたことではあるのだが

6 第3章に書いたとおり、内山が「創造する時間」と表現したものを「生成する時間」と、「消費する時間」を「分配される時間」と本書では読み替えている

7 内山の直感「時間は単一ではなく無数に存在する」というのは相対性理論が示唆するところでもある。イタリアの理論物理学者カルロ・ロヴェッリの著作『時間は存在しない』『世界は「関係」でできている』は、タイトルからもわかるとおり、「分配される時間」の存在を真っ向から否定し、関係性をベースに世界を捉えている。僕たちが当たり前に思っている時間の存在も、またそれほどたしかなものではないのかもしれない

8 木村敏は、『人と人との間』P67で、ドイツと日本のうつ病患者を比較し、「職場の同僚に対して申訳ないと言う患者は日本人にしか認められず」と語っている。病のあり方もまた、その社会・文化によって異なるのだ

最終章

# 弱さの哲学

## 「わかること」がわかってなかった

あるとき、Netflixで『LIGHTHOUSE』という番組を観た。星野源とオードリーの若林正恭という2人のクリエイターが、「悩み」をテーマに語り合う。

彼らの共通点は、20代を「俺はこんなもんじゃねえ」と世界を恨みながら過ごし、30代になりようやく世界から祝福され、そして40代となった今、祝福とともに消えるはずだった悩みやストレスが一向に消えないことに戸惑っている、そのライフヒストリーにある。

番組を通じて交わされる長い対話。星野が繰り出す言葉が、若林のこれまで言葉にしようとしてこなかった気持ちを引き出していく。「源さんの言葉で、自分を覆っていた膜がパーンって破れたんですよ」と言う若林の表情が、まるで中学生のようにコロコロと変わる様子がとてもいい。星野も変化する若林の素直なあり方から、刺激を受けていたように見えた。対話するとは変わることなんだな。そう静かに観ることができていた。途中までは。

最終回。2人は、最後の「一行日記」を交わす。この番組は、二人が収録の合間にそれぞれ書いておいた「一行日記」を互いに見せ合うことで対話が進んでいくのだ。

ただ、最終回だけはふだんと趣向が違っていて、未来の自分が書いていいそうな「未来の一行日記」を互いに見せ合うのだという。若林はこう読み上げた。

「『俺はこんなもんじゃねぇ!』って120歳でもまだ言ってる」

あれ? そのあとのセリフが入ってこない。

いよいよ最終回もクライマックスに近づく。2人は番組のコンセプトでもある岬の突端、灯台(=lighthouse)にやってきた。

「話せてよかったです」

「本当に」

そう最後の言葉を交わし合うと、2人は灯台のふもとから90度、それぞれまったく違った方向に歩き出す。その映像は、新しい挑戦に向けて歩き出す2人の未来を明確に示唆していた。

一方、画面の前の僕の心は、猛《たけ》り狂っていた。

「ちくしょうが！！！」

「あんたたちはまだいくらでも新しい挑戦ができんだろ！！！」

「俺にはもう、『がんばる』ができないの！！！」


僕はようやく動揺の中身を理解し始めていた。

「俺だって本当はまだ『俺はこんなもんじゃねえ』って言い続けたかったんだよ！！！」(※2)

2人が去り、誰もいなくなってもドローンカメラは灯台のふもとを映し続ける。僕は、灯台のふもとに、首まで土に埋まって一人泣きじゃくっている自分の姿が見えるような気がした。

「置いていかないで……」

その後、メンタルは荒れに荒れた。僕は、自分の障害をしっかりと引き受けたつもりでいた。でも、心の底ではまったく引き受けられていなかった。そのことが、治らない症状と同じくらいショックだった。またしても、「頭だけでわかったつもり」になっていたのだ。

## 回復の物語から再び転げ落ちる

『LIGHTHOUSE』を観てから少し経ったある日。ぼけーっとスマホを見ていると、iPhoneが2年前の写真をレコメンドしてきた。勧められるがままに写真を眺めた僕は、ふと妻に向かって口にした。

「俺、このときのほうが元気だったんじゃない？」

たしかこの日は初対面の妻の友人宅に遊びに行き、昼ごはんも一緒に食べ、体も動かした。それなのに、たいして休憩も挟まず、何事もなく帰ってきたはずだ。それを、今の自分はできる気がしない。その日はやや調子の悪い日で、家族以外の人とは話すことすらできなかった。

いつかは元気になるかも。また脳が元どおりになるかも。それは、声に出してはいけない願いだった。叶わなかったときに立ち上がれなくなるから。でも、心の奥底でずっと、言葉にしないまま祈り続けてきた。

ただ、もうさすがに無理なんじゃないか。2年以上経ってなお、スタート地点より後ろに下がっているなんて。僕はもう二度と「こんなもんじゃねえ」と言えない人生を生きるんだ。

いや、それでいいじゃんか。そう自分に言い聞かせてきた。観客がいてこその舞台だろう。だからエネルギーが欠乏した「擬似おじいちゃん」の自分は、観客側に回ればいい。拍手する側に、誰かを輝かせる側に回ればいい。

でも、やはり本音では舞台に上がりたかった。スポットライトを浴びたかった。うまくいくかどうかはわからない。それでもその「わからなさ」のなかで挑戦するプロセスを楽しみたかった。「こんなもんじゃねぇ」と120歳まで言い続けたかった。

がんばりたい。命を燃やしたい。認められたい。目立ちたい。「自分にはもっといろんなことができたはずなのに」という思いが、何度拭《ぬぐ》っても消えない。

「俺はこんなもんじゃねぇ」のひと言にぐらぐらと揺さぶられた自分の姿は、ここまで書いてきた内容と、笑えるくらいに一致していない。

たくさん本を読んだ。たくさん考えた。でも、まだ自分にはそれに共鳴するだけの経験（内部リソース）が足りなかったのだろう。本当の意味で「わかる」には、自分はあまりに未熟だった。自分の「わかる」の範囲を超えて、インプットだけが先行していた。

じゃあ、ここまで書いてきたことは嘘だったのか？　それは違う。むしろ、ここまで書いた文章なしに生きてはこれなかった。一度は失った言葉が、考えるという行為が、僕を救ってくれた。だからここまでの文章を、物語を否定はしない。

ただ、それは補われる必要がある。けれど、深めようとしてはいけない。浅くするのだ。僕は深いことを書こうとしすぎた。現実の自分は、もっともっと浅はかだった。

だから考えてみる。あまり語られもしない、人間の浅さについて。

僕は弱い。そして僕の弱さは、他の人にもつながっている。人間はみな弱い。浅い。それでも、そんな人間が同じ社会で生きていかなくちゃいけない。そこには「哲学」が必要だ。人間の弱さを前提とした哲学が。

## 理性には限界がある

世の中は「人はみな理性的であること」「理性的になれること」を前提にしすぎじゃないか？弱くなった僕が、ずっと抱えてきた問いだ。この問いは、この本の出発点「ビジネスの世界は、強い個人を前提としすぎじゃないか？」の延長線上にある。

「デキるビジネスパーソン（経済的に望まれる強い人間像）」と「理性的な人間（社会的に望まれる強い人間像）」は、自己コントロールへの自信と執着という点でまっすぐつながっている。

余裕のなさからすぐイライラしたり、娘に大声で怒鳴ったり、「原因なき不安」によるこころの出血を止められなかったり、僕は自己コントロールの失敗にずっと悩まされてきた。

人はたしかに理性的にふるまいをコントロールできる強い存在だ。だけど、ときにとんでもなく愚かで弱くもある。「理性的な人」と「愚かな人」がいるんじゃない。同じひとりの人間が、理性的であり、同時に愚かなのだ。ここまでの文章は、まさに僕という人間の理性と愚かさがないまぜになって書かれた。

僕たちは、もう少し理性と愚かさについて両面的に考えたほうがいいんじゃないだろうか。理性の可能性についてはすでに十分なほど語られている。だから僕は、あえて理性の限界について考えてみたい。

理性とは「本能のままにふるまうと問題が起きそうなとき、後天的に得た知識をもとに、自分をコントロールすること」。第1章で僕はそう定義した。

僕はこの後天性をとても重視している。ヒトという動物の賢さは後天的だ。つまり、生まれもった本能が賢いんじゃなく、生まれた後に多くのことを学習できるから、賢い。人間がこれほど栄えたのは、祖先が蓄積した知識や技術を「文化」として学習できるからだ。

これからもその蓄積によって、どんどん社会は発展するだろう。そしてますます社会は「理性的であれ」と人に求めていくだろう。一方で、動物としてのヒトの賢さはずっと変わっていない。だからいま反逆が起きている。

たとえば難民の問題。難民はやむなく国から追いやられたのだから、保護されるべきだ。理性的に、人権の観点から考えるとそうなる。逆に本能は、知らない人たちが自分たちの土地にやってくることを警戒する。

結果的に、「難民は受け入れるべきだ」と理性的なスタンスをとっていた国で、「難民よりまず自国民を大事にしろ！」と本能に訴えるポピュリズム的政党が人気を博している。

ポピュリズムの台頭は、愚かさを抱えたままの人間が、どんどん理性を求めてくる社会にぶつけるうっぷんなんじゃないか。もううんざりだ、もうついていけないと。

## 学ぶ者の「上から目線」

マイケル・サンデルは『実力も運のうち』で、世界中で台頭するポピュリストの怒りの原因は、エリートの上から目線にあると指摘した。エリートは、ポピュリズムの台頭を政治の問題として考えているが、違う。これは政治じゃなく、人としての尊厳の問題なのだと。問題は「新しい経済のもとでうまくいかなかった人びとが、勝者に軽蔑のまなざしで見下されていると感じる理由[※3]」にある。

エリートの上から目線。それは、僕がうつのどん底で気づいた「自分はいろいろ知っている」という「謙虚さという傲慢」そのものだ。理性は、ときに傲慢を呼びこむ。

もし人が理性的になれたとしたら、それはたまたま、後天的に学ぶ機会に恵まれただけだ。生まれながらに上等なわけじゃない。自分の意志で努力を重ねたといっても、それもたまたま努力できる環境に、「努力しよう」という意欲を持てるような環境にいただけだ。

理性にかぎらず、「後天的に何かを努力によって獲得した」と自負する人は、その努力が激しいほど、努力しない人のことを、「努力できるのに、しなかった」道を選んだ人たちだと勘違いし見下してしまう。少なくとも、ストイックに生きてきた過去の自分はそうだった。

違った。何もかも違ったのだ。努力ができない身体になって、僕はようやく気づいた。理性は儚い。誰もが自分をコントロールできるわけじゃない。理性は、後天的な学習機会に恵まれ、病んでいない心身があり、生活に金銭的不安がないなど、何枚もの幸運のカードをコンプリートした状態でだけはじめて発動するラッキーアイテムだった。

僕は多元的な「原因」により生まれた「成果」を、「自分の努力」という一元的な原因にスッキリと整理して生きてきてしまった。原因と結果の一対一対応の罠。シンプルな「努力→成果」の物語が、上から目線を助長する。

一般的には、本能こそ差別の温床で、理性は差別によって排除された人を包摂し直すものだと考えられている。でも、本当にそうなのか？　逆に、理性による非理性的なものへの見下しが、その視線に対する反抗が、いまあちこちで問題になっているんじゃないか？

社会はどんどん人に理性を求めるようになる。けれど、多くの人は求められるような速度で理性的にはなれない。理性的な人とそうでない人のギャップはどんどん開き、互いに反発を深めていく。ここに、理性の限界がある。

言うまでもなく理性はとても重要だ。けれど、人は理性だけではつながることはできない。

## 「愚かさ」でつながる可能性

逆に「理性的でかつ愚か」、そんな矛盾をはらんだ存在として捉えてはじめて、人はつながることができるんじゃないか。僕はビール会社「ハイネケン」が2017年に公開した「Worlds Apart #OpenYourWorld」というキャンペーン動画(※4)から、そんなヒントをもらった。

この動画は、男女2人が「2脚のイスを協力して組み立てる」という企画者側から与えられたお題をこなすところから始まる。和気あいあいと会話を交わしつつイスが完成したら、2人は用意されたテーブルに自分たちが組み立てたばかりのイスを持っていき、腰掛ける。そこで初めて、2人は企画者から知らされる。2人が、ある論点に関して真逆の意見を持つということを。

プロジェクターで壁一面に、女性が「私は100%フェミニストよ」と語る様子が映し出される。そしてすぐさま、男性が「フェミニズムなんて、男性嫌悪だね」と持論を語る映像に切り替わる。唖然《あぜん》とする2人。「一緒にイスを組み立てた隣人」は「正反対の思想の持ち主」だったのだ。テーブルの上には、2本のビールが置いてある。飲まずに帰ってもいい。飲んで話すのもいい。

さあ、どうする?

3組に対して同様の選択を迫った結果、3組ともそれぞれ、ビールを片手に話し続けることを選んだ。もちろん、これはCMなので結論を鵜呑《うの》みにすることなんてできない。ただ、僕は考えてしまった。「もし、これがコーヒーだったら?」と。

僕は酒そのものを擁護したいわけじゃない。ただ酒が、ふだんは保たなくてはいけない思考の一貫性を緩める「舞台装置」の役割を果たしていることは、意外に重要なんじゃないか。「お酒の場のことだから」という表現があるように、「お酒の場」では言い間違いが許される。ふだんとはちょっと違う自分が許される。

自分の意見が変わってもそれを「お酒のせい」にできる安心感が2人をイスにつかせたんじゃないか。コーヒーを片手に「賢い頭」で議論するなら、相手も「賢い頭」で応じてくる。そんな議論の中では、人はなかなか「ふだんの自分」を崩せないだろう。

理性をベースに正しさをめぐり討論するんじゃなく、むしろいかに理性の鎧を脱げるかを考える。「戸惑う心」で語れる場か？　愚かさや言い訳が許されるか？　そんないい加減さの許容こそが大事なんだと、僕たちは言えずにいるんじゃないか。

## 愚かさとは「理性の失敗」である

人間は理性的でかつ愚かだ。でも、愚かさっていったい何なのだろう。

無知なことだろうか。違う。未熟な自分が知識だけを蓄えても「わかる」ことはないのだと、気づいたばかりじゃないか。

じゃあ、行動か。人を殺すことが愚かか。酒を飲むことが愚かか。いや、状況次第ではどちらも愚かとは言い切れない。愚かさは行動のなかにはない。

「しないでおこうと思っていたのに、ついやってしまった」

僕は、この「失敗」こそが愚かさだと考える。「つい」の愚かさは「自己コントロールの失敗」であり、つまりは「理性の失敗」でもある。

愚かさは、理性の失敗なんだ。僕がそう考えるようになったのは、立川談志の『あなたも落語家になれる——現代落語論其2』を読んでいたときのことだ。それは、こんな一文から始まる。


〝落語とは、ひと口に言って「人間の業の肯定を前提とする一人芸である」といえる〟

（立川談志『あなたも落語家になれる——現代落語論其二2』P14より）


〝〝人間の業〟の肯定とは、非常に抽象的ないい方ですが、具体的にいいますと、人間、本当に眠くなると、〝寝ちまうものなんだ〟といっているのです。分別のある大《だい》の大人《おとな》が若い娘《こ》に惚れ、メロメロになることもよくあるし、飲んではいけないと解っていながら酒を飲み、〝これだけはしてはいけない〟ということをやってしまうものが、人間なのであります〟

（同、P17より）

「これだけはしてはいけない」を、ついやってしまう人間の業。人間の弱さ。深さじゃなく、浅さ。談志は「忠臣蔵」を例に、次のように語る。

「忠臣蔵」とは赤穂《あこう》浪士《ろうし》(※5)としてよく知られる、人数的な不利をものともせず仇討《あだう》ちを成功させ、のち討ち入りの罪で切腹させられた「四十七士」たちの忠義の物語だ。だが、談志は違う角度から光を当てる。

〝落語は違うのです。討ち入った四十七士はお呼びではないのです。逃げた残りの人たちが主題となるのです。そこには善も悪もありません。良い悪いもいいません。ただ〝あいつは逃げました〟〝彼らは参加しませんでした〟とこういっているのです。つまり、人間てなァ逃げるものなのです。そしてその方が多いのですヨ……。そしてその人たちにも人生があり、それなりに生きたのですヨ、とこういっているのです。こういう人間の業を肯定してしまうところに、落語の物凄さがあるのです(※6)〟

（同、P20より）

数少ない英雄になれなかった、大多数の逃げた人たち。「その人たちにも人生があり、それなりに生きたのですヨ」。その浅さの肯定に、僕は泣いた（「擬似おじいちゃん」状態になって以来、どうも涙腺がゆるい）。「よりよい明日」など目指さなくても、どんな人にも、「それなりに生きた」というゆるぎない事実がある。いや、むしろそれなりに生きるほかに、人間に何ができるというのか。

ここまでは、純粋な愚かさの肯定とも取れる。けれど、それだけじゃいけない。談志は続ける。

〝ただ人間は、元来怠惰なものであるときめてしまうことは、たとえそれが落語といえども、生理的に嫌う人も多い。しかし、その人たちも落語を聞きにきてくれるのは、落語は人間の業を肯定するが社会に生きている以上、人間が生活《くら》しているかぎり、生活《せいかつ》の基本は存在するし、ルールはあくまでも厳しいと、知った上のことである〟

〝人間どう勝手に生きてもいいし、勝手に生きるものだとはいっていない〟

〝この文明の社会に生きていく限りルールはあるし、それは守らねばならぬ。そのルールに則して生きていかねばならない上での業の肯定なのである〟

（以上、同、P26、27より）

落語は、「これだけはしてはいけない」をやってしまう人間の業を肯定する。ただし、それは「これだけはしていけない」という理性が先立つからこそ成り立つものだ。逃げた者に「自分は逃げた」という後ろめたさがあってこそ、愚かさの肯定が許される。

人は愚か者でしかありえない。ただし、そのことにどこか後ろめたさを抱えながら、生きていく。すると、ときに「なんでこの人はこんなこともわからないのか」「浅はかだなあ」などの傲慢さが自分のなかに首をもたげたとき、見える景色が変わってくる。人間そんなものなのだ。誰よりもまず、自分が。

逆に自分のなかに愚かさ、理性の失敗を認めない人は「上から目線」からなかなか逃れることができない。

# 傷つけてしまったら「ごめん」

理性とは、「ふるまいをコントロールすること」だ。それは、他人を傷つけないための配慮でもある。だから「理性の失敗」は相手を傷つけてしまいかねない。愚かさを肯定するということは、他人を傷つけることも肯定するのか？

うん。肯定するのだ。僕は他人を傷つける。僕だけじゃない。あらゆる人のあらゆる言動が誰かを傷つけうる。

乗り物では、ご年配に席を譲っても譲らなくても、相手を傷つける可能性がある。相手が「自分はまだ老人じゃない！」か「病気のせいで立つのもしんどい」のどちらの立場にいるのかは、知る由《よし》もない。この本だって、ここまで書いたことでどれだけ多くの人を傷つけてきたことか。

だから、逆に結論もシンプルだ。僕たちの一挙一動は、すべてが加害性を帯び、暴力的になりえる。「理性の失敗」になりえる。そして、その人が傷つくかは事前に予測がつかない。もし予測しきろうとするなら、誰に対しても何も言えず、何もできなくなる。

だから、事後的に「失敗だった」と、「人を傷つけてしまった」とわかったとき「ごめん」

と言うこと。あまりにシンプルだが、これしかない。ただ、シンプルだからといって簡単じゃない。いや、むしろ人に素直に「ごめん」と言うほど、難しいこともない。

僕が言いたいのは、「『注意さえしていれば人を傷つけないでいられる』という勘違いを捨てよう」ということだ。そして逆説的だが、その前提で「あまり深く考えすぎないようにしよう」ということだ。

本当に相手を傷つけたくないのなら、コミュニケーションを取らないことだ。だけどあえて、傷つける可能性に満ちている自覚のなかで、怯えのなかで、一歩踏みこんでいく。ひと言、会話を交わしてみる。ときに「友だちになろう」とまで言ったりする。傷つけてしまったのかは、事後的にしかわからない。いや、事後的にだってわからないことがほとんどだ。逆に「傷つけてしまったかも」とこちらが傷ついたりもする。「傷つけ」のないコミュニケーションなんて、そもそもありえないのだ。

愚かさとは、理性の失敗である。そして、理性の失敗を認めることとは、「傷つけ」を認めることだ。いま、どんどん理性を求められる社会で、人は「傷つけ」を恐れるあまり何も話せなくなっていっている。愚かさ込みの存在として人間を捉え直さないかぎり、世の中は理性でどんどん息苦しくなっていく。

## 「余裕がない人」のための思想を

本能は人を排除する。理性は人を包摂する。

その一般論に対して、僕は逆に「理性が人を排除する危うさ」について考えた。理性だけに依存せずに、人とつながるにはどうすればいいのだろう？ 戸惑い、愚痴、笑い、(舞台装置としての)酒、愚かさ。ふだんは語る価値がないと思われている非理性的なものに光を当て、その価値を再考するというのが1つ目のアプローチだ。

次に、もう1つのアプローチとして、本書の真ん中にあり続けたテーマ「偶然性」の持つ可能性について考えてみたい。

あらためて、理性はやっぱり重要だ。理性は「私たち」の輪をググと遠くまで広げ、より多くの人たちを包摂することを可能にする。

ただ、ヒトは残念ながら「私たち」(＝内集団)と「それ以外」(＝外集団)とを区別するように進化してきた。この「区別」は、非常に根が深く、そう簡単になくすことはできない。(※7) 輪がどこまで広がっても、全員がひとつの「私たち」に包摂されることはありえない。(※8) だから僕は、理性は偶然性によって補われる必要があると感じている。

リチャード・ローティという政治哲学者がいる。彼の主著『偶然性・アイロニー・連帯』の出発点にあるのも、偶然性だ。彼は各々《おのおの》が、「自分の思想はたまたま身についた偶然の産物にすぎない」とまず認めようぜ、というスタンスを取る。どの思想にも絶対の正解はない。それぞれが、偶然身につけた「自分が正しいと思う思想」を信じ続けるほかない。

ローティは多くの哲学者と違い、絶対の正解がない以上、思想や理念で人が連帯するなんて不可能なんだと主張した。もしも「同じものを信じる」ことでつながろうとすると、「同じものを信じない人」を必然的に排除してしまうから。

僕も、「人は理性的に物事を考え、つながれる」ことを前提にすると、「非理性的とみなされる人」を排除してしまうと考えた。だから連帯しようとすることで逆に生まれてしまう排除に敏感なローティに、大いに賛成する。

では思想や理念でつながれないと考えたローティは、何でつながることを考えたのか？

それが本能的共感や想像力だった。[※9][※10]

ただ僕は、ここでローティとは違う方向に歩みを進めてみたい。僕は、どこまでいっても人は想像力や共感ではつながれないと考える。

障害を発症してからの僕は自分のことだけで余裕がないし、そんなに他人に興味も持てないし、仮に持てたとしても時間と体力がない。ひと言で言えばローティほど優しくない。

うつのどん底で自分の醜さを自覚する機会に恵まれた僕は、自分がいかに立派な人間とは程遠いか、その底の浅さが、いやというほどわかってしまった。だから、もはやさほど立派な人間であろうともしていないし、他人にも立派であることを期待していない。むしろ、期待しないことこそが重要だと感じている。

「立派な人間」であることを期待すると、「立派になれない人間」は排除される。「立派になれない人間」とは、ダメな人間のことじゃない。「余裕のない人」のことだ。これほど余裕を失った人生でなければ、僕はこんなことをわざわざ考えもしなかっただろう。

相手への想像も共感も理解も優しさも必要としない、そんな浅い思想、「余裕のない人」のための思想こそが重要だ。僕たちは人間を思慮深い存在だと想定しすぎている。でも、どんな思慮深い人だって余裕を失えば浅くなる。ふだんならしないような愚かなことをしてしまう。人間が「理性的かつ愚か」というのはそういうことだ。

だから、人間に多くを求めてはいけない。僕が求める最小限のことは「誰もが、偶然のなかで選べない人生を生きてきたことを認める」、それだけだ。

## 僕は犯罪者だったかもしれない

あらためて、世界は偶然に満ちている。いや、偶然性はあらゆることのはじまりにある。いまのあなたのもとになった精子が、数億のライバルを制したのはなぜか？　その日にかぎって卵子が受精したのはなぜか？　なぜあなたは産まれたのか？　誕生まで遡れば、誰も自分という存在や、産まれ落ちた環境の偶然性を否定することはできない。

私は、いまの「このような私」じゃなかったかもしれない。「ありえた私」は他にも無数にいた。本質的に、僕は何も選べていない。もちろんつど選択はしてきたが、その結果は偶然で、つまりは予測不可能だった。ただ、人生を振り返るとき「このような私」を自分で選んできたかのように「物語化」し、錯覚しているだけだ。偶然が違う結果をもたらしていたとしても、僕はまたそこにありもしない必然性を捏造し、別の物語をつくりあげていただろう。

僕はニュースで犯罪者を見ると思う。僕も生まれる環境が違っていたら、あなたと同じことをしてたのかもな、と。

僕たちはみなわけもわからないままにこの世に産まれ落ち、その後、数えきれない分岐を経て、偶然性に翻弄され、それぞれ今の「私」になった。その結果、「犯罪者のあなた」と「それをテレビの画面越しに見ている僕」に分け隔てられている。

なぜ、こうなったのだろうか。まったくわからない。確かなのは、僕がいまの僕であることの「必然性のなさ」、あなたがいまのあなたであることの「必然性のなさ」だけだ。私はあなただったかもしれない。でも、そう感じるのは想像・共感・理解のいずれの結果でもない。偶然性をベースに考えるとそうだった可能性を否定できるものは何もない、というシンプルな事実があるだけだ。そしてシンプルであることが、「人に多くを求めない思想」には大切だ。

犯罪者だけではない。理性であれ、能力であれ、共感性であれ、現代の「社会に求められる人間像」に自分を収められない「弱い人」の多くは、「際限のない試験」のなかで、「理解不能」のレッテルを貼られ、やんわりと社会のはしっこに追いやられていく。そして、はしっこに追いやられるほど、相手を理解しようとする理性的アプローチは届かなくなる。共感も想像も追いつかなくなる。けれど、その「理解不能」な人々にとって、その人生はどれだけみずから選べるものだったのだろう?

偶然性の感覚さえ手放さなければ、どれだけ理解不能でも、その人を「排除せよ」という話にはならない。そこで排除されるのは「ありえた私」だからだ。理解不能な、つまり到底「私たち」の一員とは思えない人間と、想像も共感も理解もできないままに、思いやりや優しさも持てないままにつながるための、偶然性の細い糸。

「つながる」というのは言い過ぎかもしれない。ここまで説明なしで使ってきた最終章での「つながり」は、前章までの個人的な「つながり」とは意味合いが少し異なる。集団でしか暮らせないヒトは、自分とまったく考え方が違う人間とも同じ社会で生きる技を編み出さないといけない。この章でいう「つながり」は、この社会から排除しない（あるいは、はしっこに追いやってその存在をなかったことにしない）最低限のレベルでの「つながり」だ。

人間には、排除したくなる他人が2パターンいる。

1つはここまで論じた、共有できるものがあまりにも少ない「遠くの理解不能な他人」。そしてもう1つが、ある程度バックグラウンドを共有しているはずなのに価値観が噛み合わない「近くのムカつくやつ」だ。日常生活において厄介なのはむしろ後者だろう。

ムカつくときは、ムカつこう。そして少し落ち着いたらこう頭の中で唱えてみるといい。「あなたも、『今のあなた』のすべてを自分で選んできたわけじゃない」「私も生まれる環境が違っていたら、同じようなことをしてたのかもな」と。

# 人には人の地獄がある

ここでいったん「弱さの哲学」は終わりにしよう。

この本は、哲学書じゃない。僕やあなたが世界に立ち向かうためのものだ。だから最後は、あなた一人の「生きる」に焦点を当てて終わりたい。

世界は残酷だ。どこまでものの見方を変えたところで、「私はあなただったかもな」と感じたところで、本当に他人と自分を交換することはできない。過去は、無数の可能性の中からすでに確定してしまった。こう生まれ、こう育った。だから、何があってもこの自分からだけは逃げられない。この人生は、この自分で生きるしかない。

誰もがみな「手に入らなかったもの」を携えて生きている。

もっと自分を好きになりたかった。コンプレックスを感じないですむ見た目に生まれたかった。目指した道で一流になれるセンスが欲しかった。自分の家族はなんでこうなんだ。一日でいいから、障害のしんどさがない「ふつうの日」に戻りたい。

誰の心にも、それぞれ穴が開いている。穴は決して埋まることがない。でも、埋まらないとわかりつつ、つい埋めようとしてしまう。それが、その人なりの欠損や過剰となって現れる。人には人の地獄がある。家庭であれ、自分であれ。どれだけ選べる社会になっても、本当に肝心なものはいつまでたっても選べない。

私とは過去の集まりであり、チェキのアルバムだ。けれど、映っているのはいい思い出ばかりじゃない。自分という「ウツワ」からどうしても出ていってくれない許せない人、愛憎半ばする人。偶然性の物語を生きるということは、そうした招かれざる客と出会うことでもある。

世界は残酷で、人は愚かだ。僕は、この「生きる」のコントロールできなさを、ままならなさを、自分の世界観の出発点と定めて生きていく……と、そんなふうに勇ましく思う日もあれば、考えてもしょうがないことばかりをクヨクヨと考えて終わる一日もある。「なぜ、自分がこんな目に？」「あのとき、あの忠告に耳を傾けていれば……」。

ただ、最近気づいたことがある。「他のありえた自分」について思いを馳《は》せることをやめないと、「ここにいる自分」という偶然を引き受けないと、一回きりの、自分だけに固有の「生きる」が始まらない(※11)。

「引き受ける」は、「受け入れる」とは少し意味が違う。こんなの理不尽だ、自分のことが嫌だという思いは消えないままに、消そうともせずに、その理不尽を背負って生きていく姿勢が「引き受ける」だ。あまり重たい言葉として受け取らないでほしい。僕たちは「こんな自分はやだやだ」と、死ぬまで子どものようにだだをこね続けていいのだ。

人生には、どうにもならないことがある。だから、重要なのは自分を「課題解決」の対象にしないことだ。人生はビジネスじゃないのだから。

明確な理由もなくやってきた理不尽。過去として確定し、自分の構成要素になってしまった傷。それはあなたが選んだものじゃない。残酷な偶然でしかない。そのことを十分にわかったうえで、いまここで「他のありえた私」を断ち切れ。

## 悟ったフリはしないでいい

自分の傷を愛せるか。僕はしばらく、そのことについて考えてきた。人生を一気にしんどくした、この障害を愛せるか。

そして僕は『LIGHTHOUSE』を観たことをきっかけに、障害を理由に何かを諦めることについて、まったく納得できていない自分を発見した。だから、逆に吹っ切れた。愛せるわけ、ないじゃんか。

「障害という傷もまた僕の愛すべき一部なのです」と、お利口《りこう》にのたまうことなく、これからもあがき続けたらいいのだ。

僕は引き受ける。この障害を。そこから見えてきた、自分の浅はかさと欲深さを。だから、努力によって望む未来を実現できると、なお愚かにも勘違いしたままあがく。舞台の上に這い上がろうとし続ける。

やりたいことはやりたい。穴は埋めることができない。ならば埋まったフリはしない。コンプレックスや欲望。傷や穴。それらをなかったことにせず、足を前に出し続ける。[※12] 本当にもう歩けないところまできたら、へたりこんで、そのときようやく平穏が訪れるのだろう。

「自（おのずか）ら」の諦念は、「自（みずか）ら」と力んだあらゆる試みが挫折したその先にある。少なくとも、傷を「おのずから」と受け入れられるほどには、僕はまだ成熟していなかった。諦めきれていなかった。そんな僕を、僕から消したいものも含めて、僕は引き受ける。引き受けよう、とする。

# 人生が怖いけど

お気に入りの散歩コースがある。家から車で少し。ドアを開けると、秋の終わりを告げる肌寒い空気が車内に一気に流れ込む。

よく話していた大きな木の下に来ると、いつものように腰を下ろす。色褪《いろあ》せた葉は、夏の躍動感が嘘のように干からびていた。風に揺れて鳴るカラカラという音からも、水分がもうほとんど残っていないことが伝わってくる。

一瞬、強い風が吹き抜ける。すると、かろうじてつかまっていた枝から、何かを諦めたかのように葉が何十枚と一気に飛び立っていった。僕はさみしくなった。苦しい時間を支えてくれた友だちがいなくなってしまう。着込んだ上着には、何枚かの葉が引っかかっていた。

「おまえは死んだのか?」

僕は心の中で聞いた。でも、そんなことはどうでもいいのだ。

今、僕の上に落ちたこの葉は死んだとしよう。それらはいずれ微生物に分解され、この世界をめぐる。いつか、僕の体の一部になることだってあるかもしれない。

この大きな木は、来年またきっと青々とした新緑の葉を芽吹かせてくれるだろう。それでも、いつかは木ごと倒れるときがくる。

散っては生える。朽ちては芽吹く。そこにはただ流れだけがある。

すべての生命、いやすべての物質は、分子が集合と離散を繰り返す巨大な一本の流れとも言える。僕という存在も、その巨大な川の一部にすぎない。数十年というごくわずかな時間だけ一時的にかたちを保つ、巨大な流れにできた、自分という小さな「よどみ」[※13]。何かが通過し続ける「ウツワ」。

産まれ落ちたからただ、生きる。

「おのずから、なる」と諦めつつ。「みずから、する」とあがきつつ。

これからどんな失敗と傷つきがあるだろう？　どんな時間が生成されていくだろう？

わからない。世界は何にもわからない。

本当のことを言うと、これからの人生がとても怖い。

それでも生きる。
苦しいまま。愚かなまま。弱いまま。僕はこのウツワを生きる。

1 『LIGHTHOUSE』の文脈から逸脱しない範囲で、若干言葉を編集した
2 若林さんと星野さんのファンの方々に向けて書くと、お二人のことが、僕は当時も今も本当に大好きだ。あらためて、若林さんの言葉には何の棘も含まれていなかった。ただ僕が、一方的に世界への恨みを反射的にお二人にぶつけてしまっただけだ。このようにしか書けなかったことを、とても申し訳なく思う。僕は、原稿が行き詰まるたび『LIGHTHOUSE』のEPを聴き、救われてきた。今日も続くお二方の挑戦を心から応援している。そして僕もまた、挑戦者の一人であり続けたいと思っている
3 『実力も運のうち』P45
4 現在、公式動画は公開停止となっている
5 赤穂浪士とは、元禄14年（1701年）に起きた赤穂事件で主君の仇を討ち忠義を果たした後、討ち入りの罪により切腹になった志士たち。その後、彼らの忠義や行動は多くの文学や演劇で取り上げられ、一躍有名になった
6 「赤穂浪士になれなかった人が主題となる」というのは、あくまで談志の落語論であって、実際の「忠臣蔵」の落語は四十七士を主題としたものがほとんどである
7 「私たち」（＝内集団）と「それ以外」（＝外集団）とを区別せずにはいられないヒトの性質は「内集団バイアス」と呼ばれる。ヒトは、自分が属する集団（内集団）を他の集団（外集団）よりも「同じ集団である」という理由だけで優遇し、好意的に評価する。この集団の内と外は、ごく些細な差（着ているTシャツの色など）に基づく分類でも生じる。また、脳は、自分から遠い外集団の人間については、もはや人間ではなく、モノ扱いすることも『反共感論』で指摘されている

8 ローティもまた、「同じ人間なのだから」というだけの理由では人々はつながることはできないということを思考の出発点に置いていた（『偶然性・アイロニー・連帯』P397-399）

9 彼が言う共感は「シンパシー（内容理解）」ではなく「エンパシー（形式理解）」である。日本語では同じ「共感」という言葉で訳されるが注意が必要だ

10 ローティが単に「想像しよう」と説いただけの思想家ではないことは補足しておきたい。彼は、どうすれば他者のことを想像し、共感できるかを考え抜いた。たとえば、具体的手段として、彼は文学の力を大事にしている。文学は登場するさまざまな、自分とは異質に思われる人物のうちに「自分の同類」を感じさせ、いかに自分が「残酷なまでに無関心」だったかを明らかにしてくれると（同、P327）。彼は、自分とは遠い、ともすると理解不能な他者といかに連帯できるかという問題を真摯に考え抜き、著者に投げかけてくれた

11 偶然を引き受けないと「生きる」が始まらない、という考えは『欲望会議』という本で千葉雅也が語った「たまたまその家庭に育ったことで何らかの主体化が強いられてしまうという、その偶然性を引き受けるしかないですよ。そうじゃないと人は主体化できないですよ」（P194）という言葉に大きな影響を受けている

12 僕は運命論や宿命論と呼ばれる「世の中のできごとはすべてあらかじめ定められていて、人間は何も変えられない」という見方を支持しない。たしかに、人間は世界に働きかけられる。ただ、思ったようにコントロールできるわけではない、というだけだ。いかに世界が偶然に満ちていても、「足を出す」ことで人間の未来は変わっていく。たとえそれが計算不可能であったとしても

13 生命とは「流れ」であり、個体とは「よどみ」であるとは、生物学者の福岡伸一による考察をもとにしている。〝個体は、感覚としては外界と隔てられた実体として存在するように思える。しかし、ミクロのレベルでは、たまたまそこに密度が高まっている分子の緩い「淀《よど》み」でしかないのである〟『新版動的平衡』P260

# おわりに

自転車に突っ伏して泣いたあの日から、ずいぶん遠くまで来た気がします。本当に人生はわからない。でも、もしあなたとのあいだに少しでも時間が生成されたのなら、もうそれだけでいいんです。

さて、弱いまま生きる僕が、どのように強さを求められる社会に再び戻るのか。本書のテーマでもあるこの問いへの暫定的な答えを記しておきます。

僕は、NewsPicks（現ユーザベース）を退社し、編集者・プロデューサーである岩佐文夫さんとともに事業を立ち上げることにしました（ええ、負債もつくりますよ）。障害の症状も少し軽くなり、「なんとか仕事ができそうだ」と思えるようになったのは幸いでした。なぜ健康な状態でさえ大変な「起業」を選択をしたのかって？　だって、Living for today ですから。

経済の世界に戻るにあたり、自分なりに意識したことがあります。それは、未来と現在の主従を逆転させること。第2章で書いたとおり、目的と手段は常にセットです。そして目的は未来の側にあり、手段はいつも現在の側にある。だから「未来のために今を使」い、現在が手段化されてしまう。

だから時間軸を逆転させる。どういうことかというと、未来に成功することを目的とするのではなく、成功を目指して悪戦苦闘するそのプロセス自体を目的とするのです。僕はゴールではなくいいプロセスを続けるために仕事をすることにしました（でも、いいプロセスを続けるには、ゴールが必要なのです）。

「『俺はこんなもんじゃねぇ！』って120歳でもまだ言ってる」という『LIGHTHOUSE』での若林さんの言葉には、大切な続きがあります。

「まあ、『こんなもん』なんだけどね！」

そうなんです。120歳にもなったらもう自分の実力や可能性なんてわかりきっている。若林さんも、そんなことは承知の上です。それでも「こんなもんじゃねえ」とあがくそのプロセスこそが僕は欲しいのです。

わざわざ起業してまで何をやるのかというと、「問い読」です。正式には「問いからはじめる　アウトプット読書ゼミ」といいます。本を読み、正解のない問いを囲み、対話する。

実は以前から「最高の読書体験とは何か？」を考え、共同創業者の岩佐文夫さんと試行錯誤を重ねてきました。その結果たどり着いたのが「問い」ありき、「アウトプット」ありきのプログラムです。

いい本はいい問いを与えてくれます。ページをめくる手がしょっちゅう止まる。頭の中はまとまらない思考でごちゃごちゃです。ひとりだと、そのごちゃごちゃは言葉にならないままに消えていきます。でも、アウトプットの場があれば、それは不完全ながら言葉としてかたちをとり始め、そして、誰かを触発します。「思いもよらなかった視点」として。

読書は、基本的にひとりでするものです。でも、ひとりでインプットするだけでは決して得られない体験がある。問われてはじめて考えられることがある。ひとりでは語られるはずのない言葉がある。読書にはまだ「先」がある。なんだかんだ言いながら、僕はやっぱり本が好きみたいです。

僕はプロセスを大事にします。そしてそれは、「問い読」の参加者のみなさんに感じてほしいことでもあります。いつか振り返ったとき「あの読書ゼミは役に立ったな」と思ってもらえることはもちろん大前提です。ただ、それに加えて「あの時間そのものが価値だったよな」とも感じてもらえる場にしたい。

何かに対する「手段」ではなく、そのプロセス自体が目的となるような、その時間そのものに価値が宿るような大人の学び場。そんな場がひとつ新しく生まれれば、世の中はちょっとおもしろくなるはずです。たぶん。

「いいプロセス」の中に身を置き続ける。それが、いまの僕にとってただひとつの大切なことです。

あらためて、僕が勝手にチェキで映したり映されたりして互いを分有してきた、多くの人たちに感謝します。

井上慎平

## 参考文献


ハルトムート・ローザ著、出口剛司監訳『加速する社会――近代における時間構造の変容』2022年、福村出版

ジョセフ・ヘンリック著、今西康子訳『文化がヒトを進化させた――人類の繁栄と〈文化―遺伝子革命〉』2019年、白揚社

ジョセフ・ヘンリック著、今西康子訳『WEIRD「現代人」の奇妙な心理――経済的繁栄、民主制、個人主義の起源（上・下）』2023年、白揚社

河合隼雄・村上春樹『村上春樹、河合隼雄に会いにいく』1999年、新潮社

宮野真生子・磯野真穂『急に具合が悪くなる』2019年、晶文社

小川さやか『「その日暮らし」の人類学――もう1つの資本主義経済』2016年、光文社

長沼伸一郎『現代経済学の直観的方法』2020年、講談社

堀新一郎・琴坂将広・井上大智『STARTUP――優れた起業家は何を考え、どう行動したか』2020年、NewsPicksパブリッシング

徳谷智史『キャリアづくりの教科書』2023年、NewsPicksパブリッシング

後藤直義・フィル・ウィックハム『ベンチャー・キャピタリスト――世界を動かす最強の「キングメーカー」たち』2022年、NewsPicksパブリッシング

デヴィッド・グレーバー著、酒井隆史・芳賀達彦・森田和樹訳『ブルシット・ジョブ――クソどうでもいい仕事の理論』2020年、岩波書店

鷲田清一『だれのための仕事――労働vs余暇を超えて』2011年、講談社

鷲田清一『老いの空白』2015年、岩波書店

内山節『内山節著作集9 時間についての十二章』2015年、農山漁村文化協会

ミシェル・フーコー著、田村俶訳『監獄の誕生〈新装版〉――監視と処罰』2020年、新潮社

鈴木宏昭『私たちはどう学んでいるのか　――創発から見る認知の変化』２０２２年、筑摩書房
マット・リドレー著、大田直子訳『人類とイノベーション――世界は「自由」と「失敗」で進化する』２０２１年、NewsPicksパブリッシング
武藤浩子『企業が求める〈主体性〉とは何か――教育と労働をつなぐ〈主体性〉言説の分析』２０２３年、東信堂
中村高康『暴走する能力主義――教育と現代社会の病理』２０１８年、筑摩書房
阿部謹也『「世間」とは何か』１９９５年、講談社
橘玲『(日本人)』２０１４年、幻冬舎
竹村公太郎『日本史の謎は「地形」で解ける【文明・文化篇】』２０１４年、ＰＨＰ研究所
竹内整一『「おのずから」と「みずから」』２０２３年、筑摩書房
竹内整一『「はかなさ」と日本人――「無常」の日本精神史』２００７年、平凡社
佐伯啓思『西田幾多郎――無私の思想と日本人』２０１４年、新潮社
アンソニー・ギデンズ著、秋吉美都・安藤太郎・筒井淳也訳『モダニティと自己アイデンティティ――後期近代における自己と社会』２０２１年、筑摩書房
國分功一郎『スピノザ『エチカ』』（１００分de名著）２０１８年、ＮＨＫ出版
國分功一郎『スピノザ――読む人の肖像』２０２２年、岩波書店
國分功一郎『中動態の世界――意志と責任の考古学（シリーズ ケアをひらく）』２０１７年、医学書院
中島岳志『思いがけず利他』２０２１年、ミシマ社
磯野真穂『他者と生きる――リスク・病い・死をめぐる人類学』２０２２年、集英社
九鬼周造『偶然性の問題』２０１２年、岩波書店
E・H・カー著、清水幾太郎訳『歴史とは何か』１９６２年、岩波書店
池谷裕二『進化しすぎた脳――中高生と語る「大脳生理学」の最前線』２００７年、講談社
池谷裕二『単純な脳、複雑な「私」』２００９年、朝日出版社
池谷裕二『夢を叶えるために脳はある――「私という現象」、高校生と脳を語り尽くす』２０２４年、講談

社
エムラン・メイヤー著、高橋洋訳『腸と脳――体内の会話はいかにあなたの気分や選択や健康を左右するか』2018年、紀伊國屋書店
パスカル著、前田陽一・由木康訳『パンセ』2018年、中央公論新社
東畑開人『居るのはつらいよ――ケアとセラピーについての覚書（シリーズ ケアをひらく）』2019年、医学書院
東畑開人『聞く技術 聞いてもらう技術』2022年、筑摩書房
マイケル・サンデル著、鬼澤忍訳『実力も運のうち 能力主義は正義か？』2023年、早川書房
リチャード ローティ著、齋藤純一・山岡龍一・大川正彦訳『偶然性・アイロニー・連帯――リベラル・ユートピアの可能性』2000年、岩波書店
千葉雅也・二村ヒトシ・柴田英里『欲望会議――性とポリコレの哲学』2021年、KADOKAWA
立川談志『あなたも落語家になれる―現代落語論其2』1985年、三一書房
大澤絢子『「修養」の日本近代――自分磨きの150年をたどる』2022年、NHK出版
稲田豊史『映画を早送りで観る人たち ファスト映画・ネタバレ――コンテンツ消費の現在形』2022年、光文社
西田幾多郎著、上田閑照編『西田幾多郎随筆集』1996年、岩波書店
小坂井敏晶『社会心理学講義――〈閉ざされた社会〉と〈開かれた社会〉』2013年、筑摩書房
小坂井敏晶『答えのない世界を生きる』2017年、祥伝社
中根千枝『タテ社会の人間関係』1967年、講談社
エーリッヒ・フロム著、日高六郎訳『自由からの逃走 新版』1952年、東京創元社
國分功一郎『暇と退屈の倫理学』2021年、新潮社
川口有美子『逝かない身体――ALS的日常を生きる（シリーズ ケアをひらく）』2009年、医学書院
ビョンチョル・ハン著、横山陸訳『疲労社会』2021年、花伝社
村中直人『ニューロダイバーシティの教科書――多様性尊重社会へのキーワード』2020年、金子書房

ケネス・J・ガーゲン著、東村知子訳『あなたへの社会構成主義』2004年、ナカニシヤ出版
森下直貴・佐野誠編著『新版 ─「生きるに値しない命」とは誰のことか──ナチス安楽死思想の原典からの考察』2020年、中央公論新社
米本昌平・ぬで島次郎・松原洋子・市野川容孝『優生学と人間社会』2000年、講談社
宮野真生子『出逢いのあわい』2019年、堀之内出版
ヨハン・ノルベリ著、山形浩生・森本正史訳『OPEN(オープン)──「開く」ことができる人・組織・国家だけが生き残る』2022年、NewsPicksパブリッシング
岩渕功一編著『多様性との対話──ダイバーシティ推進が見えなくするもの』2021年、青弓社
松岡正剛『フラジャイル 弱さからの出発』2005年、筑摩書房
立岩真也『増補新版 人間の条件──そんなものない』2018年、新曜社
立岩真也『私的所有論 第2版』2013年、生活書院
山田陽子『働く人のための感情資本論──パワハラ・メンタルヘルス・ライフハックの社会学』2019年、青土社
原研哉『日本のデザイン──美意識がつくる未来』2011年、岩波書店
『MUJI 無印良品』2010年、良品計画
レナード・コーレン著、内藤ゆき子訳『Wabi-Sabi わびさびを読み解く for Artists, Designers, Poets & Philosophers』2014年、ビー・エヌ・エヌ新社
エドガー・カバナス、エヴァ・イルーズ著、高里ひろ訳『ハッピークラシー──「幸せ」願望に支配される日常』2022年、みすず書房
今井むつみ・秋田喜美『言語の本質──ことばはどう生まれ、進化したか』2023年、中央公論新社
ユルゲン・コッカ著、山井敏章訳『資本主義の歴史──起源・拡大・現在』2018年、人文書院
山岸俊男『安心社会から信頼社会へ──日本型システムの行方』1999年、中央公論新社
木村敏『人と人との間:精神病理学的日本論』1972年、弘文堂
木村敏『自己・あいだ・時間:現象学的精神病理学』2006年、筑摩書房

蔵本由紀『新しい自然学——非線形科学の可能性』２０１６年、筑摩書房
宮本常一『忘れられた日本人』１９８４年、岩波文庫
池田善昭、福岡伸一『福岡伸一、西田哲学を読む——生命をめぐる思索の旅 動的平衡と絶対矛盾的自己同一』２０１７年、明石書店
福岡伸一『新版 動的平衡——生命はなぜそこに宿るのか』２０１７年、小学館
松沢裕作『生きづらい明治社会——不安と競争の時代』２０１８年、岩波書店
與那覇潤『中国化する日本 増補版——日中「文明の衝突」一千年史』２０１４年、文藝春秋
渡辺尚志『百姓の力——江戸時代から見える日本』２０１５年、ＫＡＤＯＫＡＷＡ
コンラッド・タットマン著、黒沢令子訳『日本人はどのように自然と関わってきたのか』２０１８年、築地書館
櫻井武『「こころ」はいかにして生まれるのか——最新脳科学で解き明かす「情動」』２０１８年、講談社
ジョナサン・マレシック著、吉嶺英美訳『なぜ私たちは燃え尽きてしまうのか——バーンアウト文化を終わらせるためにできること』２０２３年、青土社
山口昌男『笑いと逸脱』１９８４年、筑摩書房
渡邉雅子『「論理的思考」の文化的基盤——４つの思考表現スタイル』２０２３年、岩波書店
リチャード・Ｅ・ニスベット著、村本由紀子訳『木を見る西洋人 森を見る東洋人——思考の違いはいかにして生まれるか』２００４年、ダイヤモンド社
ドナルド・ホフマン著、高橋洋訳『世界はありのままに見ることができない —なぜ進化は私たちを真実から遠ざけたのか』２０２０年、青土社
稲垣栄洋『敗者の生命史38億年』２０１９年、ＰＨＰ研究所
柳父章『翻訳語成立事情』１９８２年、岩波書店
若林恵・畑中章宏『『忘れられた日本人』をひらく——宮本常一と「世間」のデモクラシー』２０２３年、黒鳥社
小熊英二『日本社会のしくみ——雇用・教育・福祉の歴史社会学』２０１９年、講談社

金谷武洋『日本語と西欧語――主語の由来を探る』2019年、講談社
金谷武洋『英語にも主語はなかった――日本語文法から言語千年史へ』2004年、講談社
影山知明『ゆっくり、いそげ――カフェからはじめる人を手段化しない経済』2015年、大和書房
金谷武洋『日本語文法の謎を解く――「ある」日本語と「する」英語』2003年、筑摩書房
谷崎潤一郎『陰翳礼讃』1995年、中央公論新社
マット・リドレー著、大田直子・鍛原多恵子・柴田裕之訳『繁栄――明日を切り拓くための人類10万年史』2013年、早川書房
渡邉康太郎『コンテクストデザイン』2019年、Takram
村瀬孝生『シンクロと自由（シリーズ ケアをひらく）』2022年、医学書院
ジョナサン・ハイト　グレッグ・ルキアノフ著、西川由紀子訳『傷つきやすいアメリカの大学生たち：大学と若者をダメにする「善意」と「誤った信念」の正体』2022年、草思社
ニーチェ著、竹山道雄訳『ツァラトゥストラかく語りき』（上）新潮社
宇田川元一『他者と働く――「わかりあえなさ」から始める組織論』2019年、NewsPicksパブリッシング
カルロ・ロヴェッリ著、冨永星訳『時間は存在しない』2019年、NHK出版
カルロ・ロヴェッリ著、冨永星訳『世界は「関係」でできている――美しくも過激な量子論』2021年、NHK出版
福岡伸一『生物と無生物のあいだ』2007年、講談社
ポール・ブルーム著、高橋洋訳『反共感論――社会はいかに判断を誤るか』2018年、白揚社
シモーヌ・ド ボーヴォワール著、朝吹三吉訳『老い 上・下（新装版）』2013年、人文書院

[著者]
**井上慎平**（いのうえ・しんぺい）
1988年生まれ。京都大学総合人間学部卒業。ディスカヴァー・トゥエンティワン、ダイヤモンド社を経て2019年、ソーシャル経済メディアNewsPicksにて書籍レーベル「NewsPicksパブリッシング」を立ち上げ創刊編集長を務めた。
代表的な担当書に中室牧子『「学力」の経済学』、マシュー・サイド『失敗の科学』（ともにディスカヴァー・トゥエンティワン）、北野唯我『転職の思考法』（ダイヤモンド社）、安宅和人『シン・ニホン』（NewsPicksパブリッシング）などがある。
2025年、株式会社問い読を共同創業。

強いビジネスパーソンを目指して鬱になった僕の
**弱さ考**

2025年3月11日　第1刷発行
2025年8月1日　第6刷発行

著　者——井上慎平
発行所——ダイヤモンド社
〒150-8409　東京都渋谷区神宮前6-12-17
https://www.diamond.co.jp/
電話／03･5778･7233（編集）　03･5778･7240（販売）

ブックデザイン—水戸部功
DTP————阪口雅巳（エヴリ・シンク）
イラスト——Irena Inumaru
校正————加藤義廣（小柳商店）
製作進行——ダイヤモンド・グラフィック社
印刷————勇進印刷
製本————ブックアート
編集担当——今野良介


ISBN 978-4-478-12037-8